春日俊彰（オードリー）

DJ松永（Creepy Nuts）

松田好花（日向坂46）

山里亮太（南海キャンディーズ）

安島隆(日本テレビ)

舟橋政宏（テレビ朝日）

スターにはなれませんでしたが

佐藤満春

KADOKAWA

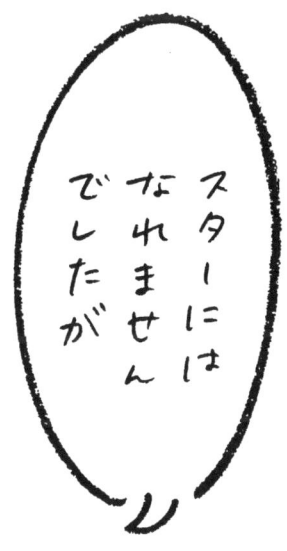

はじめに

誰のための本か。

お笑い芸人や放送作家、掃除・トイレの専門家として活動しております、佐藤満春と申します。

本を出すことになりました。

トイレでも掃除でもなく、僕自身の仕事や生活、生き方についてまとめたそれだというお話。

「いやいや、僕なんてそんなそんな！　大した人生じゃないので！」

みたいなことは、いつも通り何かしらの言い訳でもするように感じていたものの、ＫＡＤＯＫＡＷＡの遠藤さんからお話をいただいたときに「やりましょう」と即レスしていたのは、僕の中に、何かそこに対する手応えらしきものがほんの少しだけあったからだと改めて。

近年、雑誌やネットの記事でインタビューをしていただく機会が増えました。

個人的な想定よりそれなりに反響をいただいたのは「静かなやつが急にしゃべりだした時」の期待感兼恐怖感みたいなものだったりもしたのかもしれません。

余計なことは話さないので「口が堅い」とよく言われますが、自分自身のことはなおさらあまり話してきませんでした。

「誰が知りたいんだよ」は事実でもあり、自分に対する言い訳でもあるのは重々承知。


影が薄い。

地味。

存在感がない。

趣味も特技もない。

大勢の中で委縮する。


芸能人としては致命的なこの僕の特徴こそが、僕の根幹を作っています。

「全く楽しいことがない」とため息をついてばかりの日常ではあるけど、「そろそろ自分を愛して自分を信じていってもいいのでは？」、そう思えたのはそう思わせてくれた人との出会いがあったからでしょう。

後述しますがここ数年で言われて一番嬉しかったのは、親友、いやそれ以上の何かしらの関係であるオードリー若林正恭から言われた**「サトミツはそろそろ自分のこと認めてあげてもいいんじゃない？　それくらいの結果出してると思うし」**という割と長めな一言だったりもして。


誰のための本か。

国民全員に読んでもらおうとは全く思いません。

ただ、どこかの誰か、僕のように塞ぎ込んでいる、才能はないけど真面目にしか生きていけない誰かのために。

僕が周りの人からの言葉で気づけたように、誰かにとって、自分を認めるきっかけの一つになってもらえると幸いです。

そして何より、僕自身のための本でもあります。
45歳、そろそろ自分を肯定してあげる時期なのかもしれないと。
うまくできるかどうかは、さておき、ですが。

佐藤満春

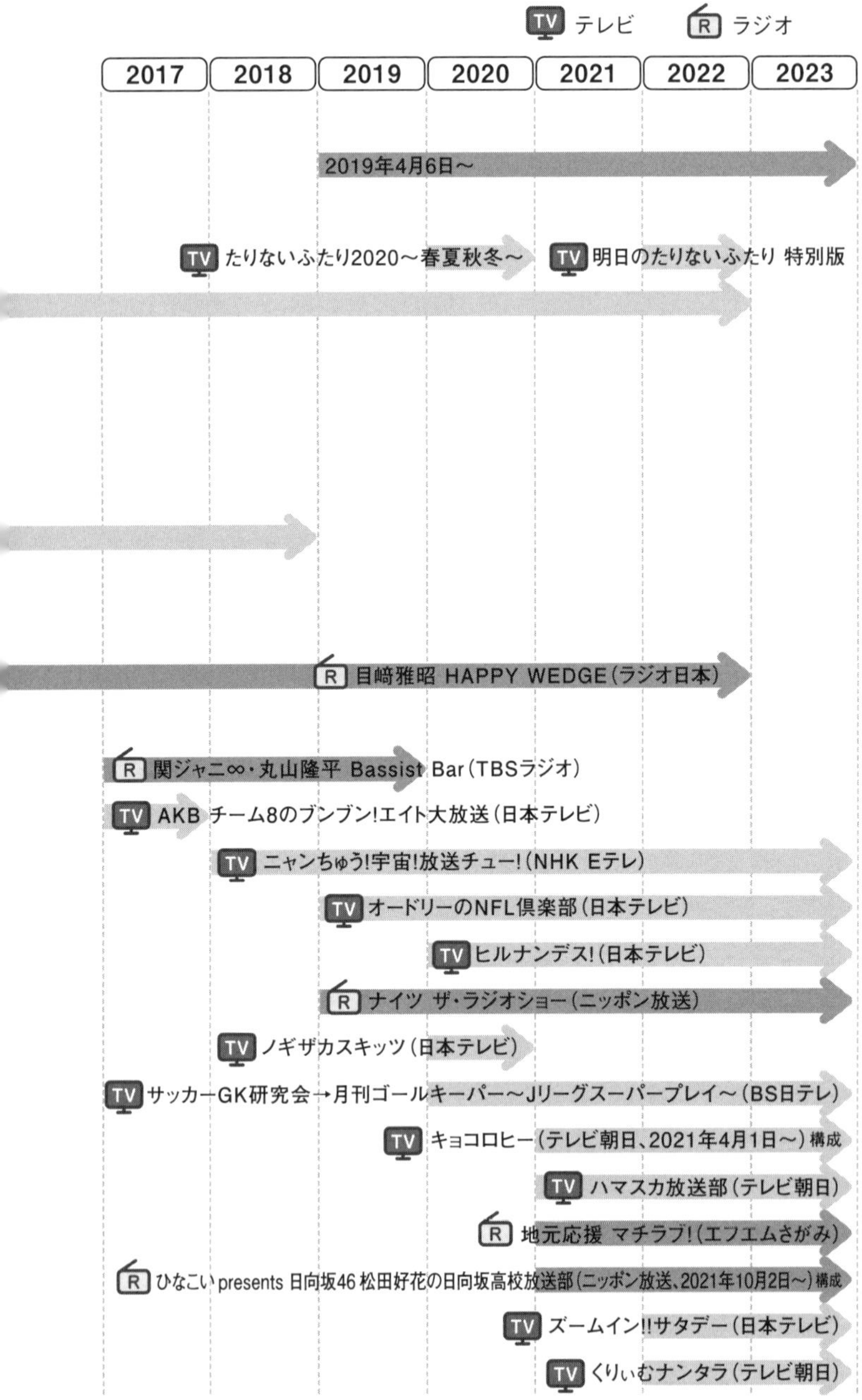
TV テレビ
R ラジオ
2017
2018
2019
2020
2021
2022
2023
2019年4月6日～
TV たりないふたり2020～春夏秋冬～
TV 明日のたりないふたり 特別版
R 目﨑雅昭 HAPPY WEDGE（ラジオ日本）
R 関ジャニ∞・丸山隆平 Bassist Bar（TBSラジオ）
TV AKB チーム8のブンブン!エイト大放送（日本テレビ）
TV ニャンちゅう!宇宙!放送チュー!（NHK Eテレ）
TV オードリーのNFL倶楽部（日本テレビ）
TV ヒルナンデス!（日本テレビ）
R ナイツ ザ・ラジオショー（ニッポン放送）
TV ノギザカスキッツ（日本テレビ）
TV サッカーGK研究会→月刊ゴールキーパー～Jリーグスーパープレイ～（BS日テレ）
TV キョコロヒー（テレビ朝日、2021年4月1日～）構成
TV ハマスカ放送部（テレビ朝日）
R 地元応援 マチラブ!（エフエムさがみ）
R ひなこい presents 日向坂46 松田好花の日向坂高校放送部（ニッポン放送、2021年10月2日～）構成
TV ズームイン!!サタデー（日本テレビ）
TV くりぃむナンタラ（テレビ朝日）

サトミツ

放送作家としての主な担当番組の歴史抜粋

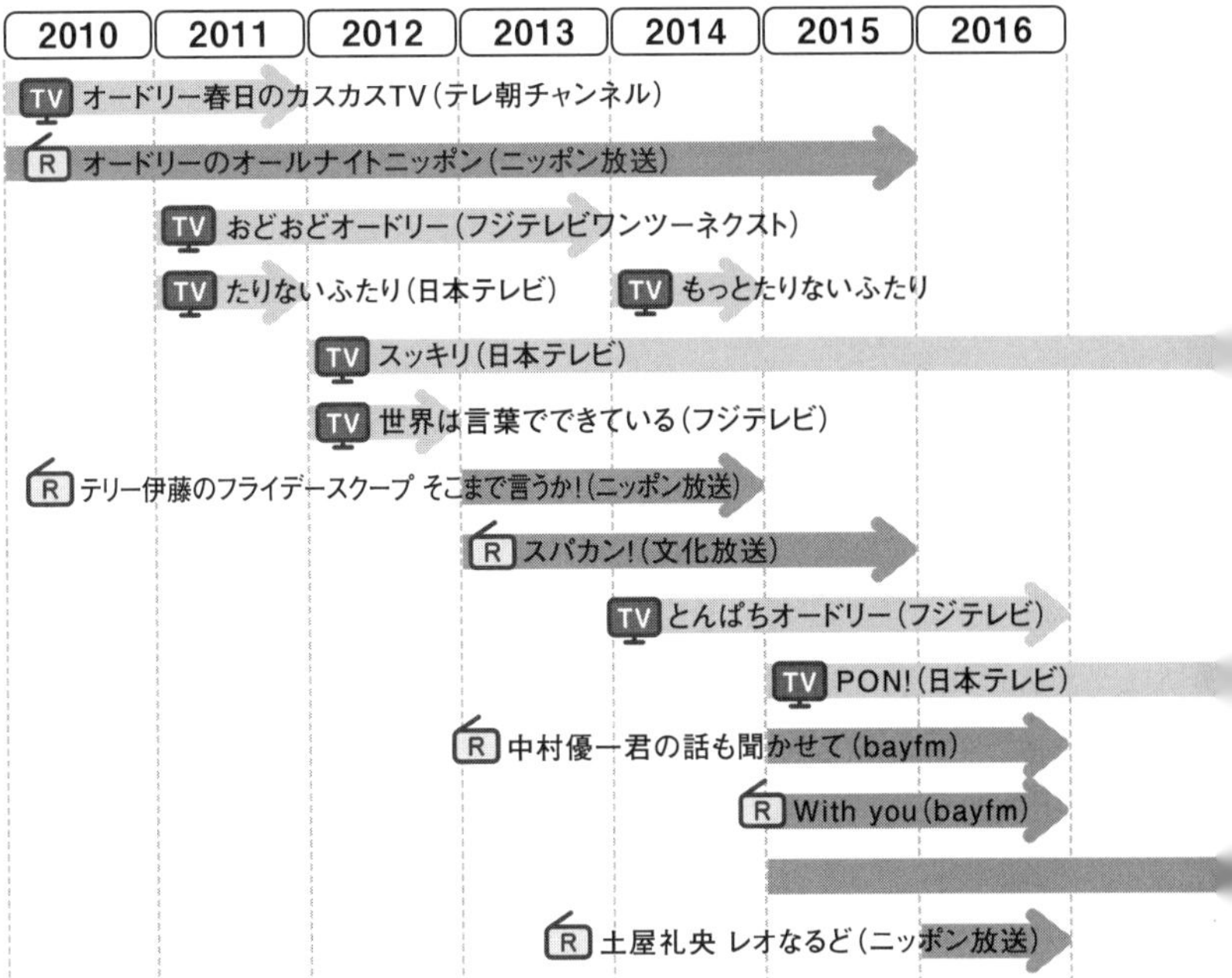

現在の担当番組は19本！

①InterFM897「佐藤満春のジャマしないラジオ」／②ラジオ日本「佐藤満春in休憩室」／③AmazonAudible「佐藤と若林の3600」／④ラジオアプリGERA「佐藤満春・浜谷健司の行け!ゼルビアルディージャ」／⑤日本テレビ「スッキリ」（月〜金）／⑥日本テレビ「ヒルナンデス!」（月）／⑦日本テレビ「ズームイン!! サタデー」／⑧日本テレビ「オードリーのNFL倶楽部」／⑨テレビ朝日「くりぃむナンタラ」／⑩テレビ朝日「キョコロヒー」／⑪テレビ朝日「ハマスカ放送部」／⑫NHK Eテレ「ニャンちゅう!宇宙!放送チュー!」／⑬BS日テレ「月刊GK」／⑭YouTube「ONE1-GK」／⑮ニッポン放送「オードリーのオールナイトニッポン」／⑯ニッポン放送「ナイツ ザ・ラジオショー」（火）／⑰ニッポン放送「日向坂46松田好花の日向坂高校放送部」／⑱TFM「いいこと、聴いた」／⑲FM HOT 839「地元応援マチラブ!」

1 影が薄い、地味、真面目にしか生きられない僕の人生

2 芸人 佐藤満春

3

作家 佐藤満春

4 人間 佐藤満春

5　無個性と呼ばれた僕だからこそ伝えられること

企画協力／ケイダッシュステージ
本文デザイン／松好 那名
撮影／古川義高（P133）、小嶋文子（P62,P128,P78,P80,P222,P224）
スタイリスト／福田幸生（P62）、米田由美（P78）、鹿野巧真（P80）
ヘアメイク／佐々木一憲（P62）、中逸あゆみ（M's up）（P78）、藤井陽子（P80）
DTP／アーティザンカンパニー
校正／文字工房燦光
編集＆取材協力／小田島瑠美子
編集／遠藤優華子（KADOKAWA）
特別協力／カフェ・ベローチェ、ニッポン放送、菊池拓哉（GERA）

1

影が薄い、地味、
真面目にしか
生きられない
僕の人生

「出来すぎ」な今の自分

お笑い芸人、放送作家、ラジオパーソナリティ、トイレ研究家、掃除専門家…。肩書めいたものはたくさんありますが、考えれば考えるほど、僕が何者なのかよくわかりません。勝手にカテゴライズされることも多々ありつつ、どう名乗っていいか自分でわからなくなることもあったり。

町田市在住45歳、佐藤満春と申します。

元々は芸能界という場所に、芸人として足を踏み入れました。相方の岸学と、どきどきキャンプというお笑いコンビを結成したのが2001年。現在は芸人…というよりも、「放送作家」という仕事の比重のほうが重くなりながらも、芸歴は22年を超えました。

現在の活動の軸になっている放送作家の仕事を始めてからは13年ほど。朝の情報番組から ド深夜のラジオ番組まで幅広く担当しています。最近では掃除専門家、トイレ博士としてテレビに呼ばれたり講演会を開催したりすることもあります。

私生活では、妻と1人の息子（10歳）、愛犬2匹がいます。地元である町田市に建売の一軒家と、なんてことはない車を2台購入。大好きな人たちと憧れだった仕事をして、定期的に家族と旅行に行きます。

放送作家として担当している番組は、テレビであれば「スッキリ」「ヒルナンデス！」「くりぃむナンタラ」「ニャンちゅう！宇宙！放送チュー！」、ラジオで言えば「オードリーのオールナイトニッポン」「ナイツ ザ・ラジオショー」「日向坂46 松田好花の日向坂高校放送部」などなど。最近では番組きっかけで存在を知っていただくことも増えてきました。

現在の全体の仕事のバランスで言うと「放送作家 6：芸人 2：トイレ専門家 1：掃除専門家 1」くらいになるのですが、「出演者と放送作家を兼ねている番組」や「掃除専門家と芸人の合間の番組」など、多くの肩書を複数で使いながら、軸足をいろいろなところに置いて仕事をしているので、単純に縦割りで考えられるものでもないですが、イメージ的にはそんな感じです。

先ほど数えてぞっとしたのですが、出演者としてのレギュラー番組と放送作家としてのレギュラー番組を数えたら20本を超えていました。

本数が多ければいいわけではないですが、それだけお仕事をいただいているのはありがたい話です。僕みたいな超凡人にしては、よくやっているほうだと思います。

ラジオの仕事では、単純に作家として番組に入るだけではなく、自分が構成を担当し、自分自身でパーソナリティを務める番組もあります。ラジオに関わる仕事がしたくてこの世界に入りましたが、その上で現在「佐藤満春の〜」という冠がつくラジオ番組が2本（特番を入れると3本、ポッドキャストで連名の番組を入れたら5本!!）もあるなんて、自分としてはよくやっているなとも思います。出来すぎです。

大好きなトイレや掃除で、専門性を持った出役としてテレビにお声がけいただくことも増えました。

僕が最初から今のようなバランスで仕事をやろうと思っていたかというと、もちろんそんなことはありません。トイレに籠もってトイレのことを調べ、トイレ掃除を追究し、掃除の専門家になったら「有吉ゼミ」に呼んでいただき、面白いものに触れたくて「オードリーのオールナイトニッポン」や日本テレビの「たりないふたり」にお邪魔していたら、急に放送作家の道が開け、地元・町田でサッカーを久々にしていたら「FC町田ゼルビア」の仕事に呼ばれたり…。僕は一つのことに夢中になると、深く深く掘っていく癖があります。昨今の芸能界は何かに特化したタレントさんへの需要が少なからずあるため、僕の癖と時代がたまたまマッチした結果、「有吉ゼミ」など地上波のゴールデンタイムの番組で、汚部屋を片付けるというお仕事もします。やっていることを挙げていくと、本当に何者なのかよくわかりませんね（笑）。

自分の創作意欲の当てどころとしては、数年に一度「劇、佐藤満春」というオムニバスコントライブも開催しています。ここ数年は放送作家の仕事が忙しすぎて実現出来ていませんが、作家としての仕事はエゴを一切捨てて取り組んでいるので（たまにはみでることもあるのでしょうけど（笑））、自分が面白いと思うことをシンプルに提示する場所は「劇、佐藤満春」しかありません。一番わがままに面白いことを追求できる、大事な大事な場所です。

さて、僕の近況を簡単に説明しましたが、自分としては仕事も私生活も出来すぎなほど環境が整っていると思います（もちろんこれはもう僕にしては、という話。基準は人によるでしょうから）。

それなりに努力はしてきたつもりですし、いただいた仕事に関して、全身全霊で取り組

んできた結果が「今」なのは間違いないです。

そして、才能と美貌と実力と特殊能力に溢れ、個性の塊のような人がひしめくこの芸能界で、全くの無個性で実力もない、超がつくほど凡人な「佐藤」が、20年ほどかなり特殊な形でサバイブできているのは、「いろいろなことを諦めてきた」歴史があるから。

苦手なこと、向いてないことが異常に多かったので、いろいろなことを諦めた先にあった「熱」。「自分の熱」を信じて動いた結果が、今です。

もちろん、私が何かで成功したわけではありません。

しかしながら、勝手に「生きにくさ」を感じたまま生きてきたにしては、結構なところまで来たなとは思います。

さらに、「周りの素敵な方々との出会い」がその熱に加わった結果の出来事だと思います。オードリー若林正恭君にはじまり、南海キャンディーズ山里亮太さん、テレビ番組「たりないふたり」などでお世話になる日テレのプロデューサー安島隆さん、ニッポン放送の冨山雄一さん、石井玄さん、大先輩の放送作家、藤井青銅さん…（あともちろん春日（俊彰）、相方の岸、あとハマカーンも）。数えだしたらキリがありませんが、とにかく人との出会いに恵まれ、「向いているであろう場所」に転がっていった数十年。

そういう思いもあって、今はお世話になった方や仕事を依頼してくださった方への恩返しのつもりで働いてます。恩返しが終わった時点で、いつ辞めてもいいとさえ思っています。ただ、今作っている番組は責任を持って面白くしたいし、出演者が、スタッフさんが、「佐藤に頼んでよかった」と思ってもらえるだけのことをしていくという、とてもシンプルかつ難解なことに挑戦している日々。自分の手柄はいりません。

芸能の仕事をしていると、世間に「知られていないこと」「知られていないもの」は「悪いこと」のように扱われることが多々あります。

が、僕に関しては全くその意識がありません。それは「有名ではないけど実はすごく素敵なもの」をたくさん見て、体感してきた実感があるからかもしれないし、才能や華もなく誰にも知られていない自分へのある種の言い訳（それはそれはよくできた言い訳）なのかもしれません。

僕自身も日本国民のほぼ全員に知られてはいない、しかしながら精一杯、ずっとずっといいものを作っているという自負を持ちながら、今日も生きています。

本書では、僕の諦めた歴史、何かに夢中になった瞬間の「熱」を信じてアクセルを踏んだ歴史を書き連ねていきます（現段階でよくわからない方は無理せず）。

どうやらこの山では一番になれない

実は特段何かの自信を持って始めたわけではない芸能人生。現場では、会う人会う人が面白い人ばかりでした。

今もなおそうなのですが、僕の周りには「努力も惜しまない（むしろそれを努力とすら感じてないほどのエンジンを搭載した）天才」が山ほどいます。みんなほどほどに変人で、とても面白い。ともするとやばかっただろうな、いや、今も存分にやばいか！　そうわくわくさせてくれる天才たち。

そもそも自己肯定感も低く、消去法で芸人になった僕にとって、「圧倒的な才能」「実力者」を前にしたときに、真っ向から同じ武器で戦うことは絶望でしかありません。

「なるほど、どうやらこの山は登りきれないか、それどころか遭難しそうだな…」

僕は芸能界のお笑い芸人という大きなその山を一旦降りて、よく見てみることにします。その山がどのくらい大きいのか？　どのくらいの競争で、どのくらいひしめき合って、どのくらいの脚力が必要なのか…？　冷静に考えていくうちに、これはちょっと難しいぞと思ってしまった、思ってしまったのです。

そこで僕が始めたのは「自分で山を作ってそこで一番になる」作業です。

芸能生活でも私生活でも「パンチがない」「個性がない」と言われ続けた僕は、目の前の高い山を見上げ、たくさんの才能に圧倒されて絶望した後、希少性の獲得に踏み出します。つまり、「芸人界」というどでかい山を降り、「トイレ」「掃除」「放送作家」という掛け合わせで自分だけの山を勝手に作り、勝手にその山で一番になってみたのでした。

僕のことも、僕の登っている山のことも、誰も知りません。

でも、いいのです。僕のことなので。

僕は自分の作った希少価値で勝手に作った山を登り、勝手に頂上で旗を立ててみたわけです。ここに関して別に「すごいことだ」とも思ってませんし、「恥ずかしい」とも思っていません。他に生き延びる手がなかったんです。

生まれながらにして人それぞれの武器はあると思います。生まれも育ちも見てきたものも感動したものも違うのだから、勝手に何かしらの武器を手にしているはずなんですよね。

そこで鍵になるのが手にした武器に注ぎ込む熱量でしょうか。そうして、ある種正攻法で進むことを諦めてきたからこそ、得られたことが今につながっています。

20代の頃はまだ、自分が「面白い」とか「センスがあると思われたい」といった自我はあったと思います。

背伸びしてでも面白いと思われたいという自我。ただ、薄々気が付いていた現実。自分に才能がないことと向き合うには、「諦める」しかありませんでした。その卑下とプライドのバランスみたいなところを行ったり来たりしながら、20代、30代と生きてきて、ここ数年でちょうどバランスが取れるようになった感じがしています。

一つのことで旗を立てられなかったからこそ、いろんなことをやっています。**旗を立てられなかったというのはその言葉だけだとマイナスに聞こえるけど、でもその自分を受け入れている。受け入れて、愛するしか、ないんですよね。**いつ死んじゃってもいいと思う反面、自分のそんなささいな個性を愛そうとも思っているというか。諦めるということはネガティブに受け取られがちではあると思いますが

やはり、そこには勇気も決断もあり。違う方向性の可能性も生まれます。そういう戦い方があってもいいし、他人にどう思われたって仕方ない。それしかできないのだから。

毎日、特に楽しくない

20本近い番組に携わり、名だたる実力者たちと関わり、そんなに充実した仕事ばかりしているなら、「さぞ楽しい毎日を過ごしているのでは？」と思われがちなのですが、正直なところ全くそんなことはありません。

「僕の人生としては出来すぎでしょう。これ以上何を？」

自分でもそう思うところなのですが…、今、生きていて楽しくて仕方ないわけではありません。目指してきた場所ではないにせよ、ある程度は好き勝手やらせてもらっている状況で。

いったいなぜでしょうか？

これは小学校2年生からずっと抱えている悩みでもあります。腹を抱えて笑うような仕事もたくさんあるし、振り返ると大好きな人としか仕事をしていないし、十分に生活できるお金も家もあり、妻も子どももかわいい犬もいる。

しかしながらこれで楽しくないとなると、「何をどうしたらいいんでしょうか？」と思いつつ、そこに対してももう諦めてしまっていたりも。

毎日楽しそうに見えてるとしたら何よりなんですが、僕自身の本音でいうとそんなもんです。総じて別に楽しくはない。でも、世間では「楽しくない」なんて言ってはいけない空気をビンビンに感じているので、そこそこ楽しそうな顔はしていると思います(笑)。

そんな自分と向き合いながらなんとか歯を食いしばって生きてます。そう生きていくしか、なさそうなので。


友達は基本的にはいません。数少ない友達の1人が若林君です。彼とはもう20年弱くらい一緒にいますが、今でも不定期で、喫茶店やファミレスで2人、変わらずなんでもない雑談をしていて。

「最近どう?」「いやあ、別に楽しくはないね、決して」

そんな本音まじりの会話をして爆笑して、帰る。

爆笑できているのなら、別に楽しくなくてもこの日常はあってよかったものなのかもしれないと思ったりするわけです。

「真面目で堅苦しい」自分と添い遂げる覚悟

昔から真面目で暗く人見知りで、常におどおどして生きてきました。「誰かに迷惑がかからなければいいいな」と思うことも多かったので、どんなコミュニティにいても自分の居場所を見いだすことが苦手です。人に誘われても断ることが多いので、飲み会とかももう十数年行った記憶がありません。すごい勝手に疲れてしまう。人に気を遣う人生というか、コミュニティにおいての役割が明確でない場所が苦手なのだと思います（これは別に誰でもそんなもんでしょうけども）。

こんな性格のおかげで、自分が関わった仕事である程度の結果が出たとしても、手放しでは喜べません。**事実そうなのですが、「全部、出演者や他のスタッフさんのおかげだ」と思ったところで終わり、その後こっそり自分を褒めてあげるようなところまでは、頭が回らないことが多いです。**

逆に何かがうまくいかなかった場合は、反省に次ぐ反省の日々。

もちろん反省が次の仕事で生きることもあるので、その時間も嫌いではありません。しかし、大事な仕事であればあるほど、

「あの収録はこう言うべきだった」

「あの人のフリは実際こういう意図だったのか？」

「出演者が最大限に楽しく収録できる準備が出来ていたか？」

「台本の要素が少し薄くて申し訳なかったな…」

考えようと思ったら無限に出てきます。

「後悔するな」みたいなことをよく言われるじゃないですか。僕のような人間からすると「無茶言わないでよ」という話。「もっとこうすれば良かった」が無限に出てくるんです。


そんな感覚なので「そりゃ、毎日楽しいわけないか」と改めて思ったりもするけど、**仕事がここまで増えて続いているということは、この反省の時間がどうにか結果に結びついているのではと、少しだけ思えるようになってきました。**

同じ人から改めて依頼をもらえたときだけは「あ、少しは役に立てたんだな」と自分をほんのちょっとだけ認めてあげられたりします。

例えば、数年前「キョコロヒー」という番組で初めてテレビ朝日の構成を担当すること

になったのですが、そこで仕事を依頼してくれたテレビ朝日の舟橋政宏さんが、別番組の新しい企画を一緒に考えてくれたり。「キョコロヒー」で知り合ったプロデューサーさんが、半年後にすぐ「ハマスカ放送部」の構成でも声をかけてくれたり。「スッキリ」で一緒だったプロデューサーさんが、数年後に「ズムサタ」に移動になって、久々に連絡をくれて担当することになったり。「スッキリ」で一緒だった方が「PON!」に移動になって、そのまま「PON!」にも呼んでくれたり。

数えればキリがないんですが、山ほど作家がいる中で僕を選んでいただけるのは、無上の喜びであります。依頼されたときの電話を録音して何度も聞き直したいくらい、一度仕事した方が別番組でまた声をかけてくれることは、自分のやってきたことが間違ってはいなかったんだと信用できる事実。だから、そういった方にはどんどん恩返しをしていきたいんです。

真面目で堅苦しい性格だけど、もうこうなっちゃってるんだから、変えることなんて無理じゃないですか?

今から10年ほど前、35歳くらいの頃、一時期、眩暈と耳鳴りがやまなくなって、さらに低音障害型難聴、逆流性食道炎になったことがありました。

作家の仕事が増え始めて、子どもが生まれた直後で子育てもありつつ、収入がやや安定し始めたあたり。そうは言っても手放しで安心はできないから、「とにかく仕事で結果を出すしかない！」と鼻息を荒くしていた頃。目まぐるしい時期です。

今でこそスケジュールを自分でハンドリング出来るようになっていますし、僕のスケジュール合わせで番組の会議を設定いただいたりすることもあります。

でも、当時はまだ「作家としてもまだまだ、芸人としてもよくわからない暗いやつ」だったので、僕の中では、時間を費やす以外にそこから抜け出す方法はなかったわけで。

眩暈と耳鳴りは、突然現れました。当時から（今でも）睡眠不足が続いていたのですが、ある朝、いつものようにテレビ局に電車で向かっていると、ひどい眩暈に襲われ立っていられなくなり、その場に座り込んでしまいました。駆け出しの僕は、「体調不良」なんて言い出すと仕事がなくなってしまうのではないかという恐怖心から、誰にもそのことを言えません。そして同時期に、低音障害型難聴にも襲われます。

隙間をぬってたくさんの病院にいき、たらいまわしにされた結果、「自律神経がおかしなことになっているらしい」という結論に至りました。特定の原因はわからないままでしたが、現代人には多いベタな症状だと聞いて、なぜだか安心したりもして。

結局のところ、「ちょっとした薬を飲んで、筋肉をつけて、運動して、バランスのいい食事をとって、よく寝ること」でしか、治す方法がなさそうだということになり、なんだかもやもやしたのを覚えています。

逆流性食道炎は検査と投薬を繰り返し、なんとか治まり。難聴は今でも生活がハードになると、突然現れたりもします。僕の場合はなぜか低い音がごそっと聞こえなくなるため、声の低い人との会話はある程度、予想しながら適当な返事を繰り返したりもして(笑)。

思えばこのときに生活改善にチャレンジし始めて本当によかったです。

「まずは身体が資本！　仕事が出来なくなっては家族を養えない！」と、健康的な生活を目指して運動を始めました。知り合いがオープンした高地低酸素トレーニングです。

そしてさらに隔週に一度、地元のメンバーとフットサルを始めました。

「僕には気分転換が必要だ！」と思って始めたこれが大成功！

運動って最高！

点を決めたときの爽快感！

アシストしたときの高揚感！

でも、「これはいい趣味を見つけたな」と思ったとたん、家に帰るとプレーの反省を始めるようになっちゃったんですよね。

ああ、もうこの性格とは一生付き合うしかないんだろうな…（笑）と思いつつ。

さらに、プレー後は膝痛や股関節痛に襲われ、ケアのためにあらゆる病院に通い続ける日々です。健康生活のために始めたフットサルのおかげで行く病院の数が増えたりもして。

若林君からもらったサポーターをつけ、そこに若林君からもらったお清めの塩スプレーをふきかけ、更に松田好花からももらったお清めの塩をぶちまけて、フットサルに向かうのです（当時、若林君がバスケで膝を怪我した後に僕の身近で流行ってたんです。お清めグッズ）。

人それぞれでいい〝夢〟の形

僕は幼稚園から大学まで、東京都町田市という地域で過ごしました。

町田は東京の人には神奈川扱いをされ、神奈川の人には「知ったような顔をするな」とつま弾きにされる、「東京でも神奈川でもない」場所です。そんなところで育った僕が、芸人でも作家でもない生き方をしているのは、どことなく町田感があるな〜とたまに思います。

サラリーマンの父と専業主婦の母、姉と僕の4人で郊外に住む核家族。いわゆる中流家庭（よりやや貧乏なのかな、今思えば）で、「日本の平均」を地で行く、そんな光景でした（当事者としては、そのときはそんな印象はないですけれど）。

そんな環境で育ったことが影響しているかはわかりませんが僕は幼いころから夢がありませんでした。悲観的な意味ではなく文字通り、文言通りの「夢も希望もない」子どもです。

一般的には、キラキラした笑顔で、希望溢れる少年時代を過ごすのが理想なのかもしれません。ただ、僕にとってはそれが超難問で。みんなと違って大きな夢を持てない自分に、劣等感を抱いたまま生きていて。


夢って、みんな生まれながらにして手にするものなの？

みんなやりたいこととか希望に満ち溢れてたりするわけ？？


それでも書かされるのが「将来の夢」。僕にとっては地獄の時間。

「いや、そんな先のことわからないわ」

これが4歳5歳の佐藤少年の本音です。親の立場になって考えると、「あ〜いろいろ心配」と思わざるを得ない声ではありますが（笑）。

今でも忘れないのが、年長さんのときの「将来の夢」シンキングタイムです。みんなが「せんせい」「うちゅうひこうし」「おはなやさん」と楽しそうに書いていく中、何も思い浮かばなかった僕がまずとった行動は、「外に出ること」でした。

「目にしたものを書いておけば、心配されずにすむかな」

小学校にも入っていない幼児が、大人たちの目を気にして、そんな算段で外に出ていくわけです。

最初に目に入ったのは、幼稚園の隣で家を建てていた大工さんでした。素直にかっこ良かったのを覚えてます。そう、僕の最初の「偽将来の夢」は「だいくさん」になりました。

先生に「なんで？」と聞かれると、「一番最初に目に入ったから」とは言えず、「家、作りたい…なあ」と答えた佐藤少年。いろいろ心配ではありますが、佐藤らしい（笑）。

そしてこれ以降、何度も何度も多種多様な「偽将来の夢」を書くことになります。外に出てさまざまな職業の人を見かけ、それを大人が喜ぶ回答としてたくさんストックしておいたのです。自分のための夢とか思いつかないしもう、いいので。そうなると、勝手に「誰かのため」に生きるしかないわけです。勝手に。

僕は運良く自分の好きな妻と子と、好きなものに出会えたので、今はなんとか生きる燃料を手にしました。

「妻と子どもが健康で生活できますように」

「信頼できる友人たちが楽しく過ごせますように」

今の僕が抱く夢はそんなものくらい。

うまく言えないんですが、誰も僕のことなんて見えていないと思ってるんですよね。大きくみたら主役じゃなくてもいいのですが、僕は勝手に1人で何かしらのスピンオフの単館映画の主人公として細々と生きてます。夢なんてないです。この単館映画は全国公開もしません。お客さんも入らないでしょう。でも、いいんです。生きているのだから。**自分自身のために夢を持つことだけが正義ではないと思うのです。こういう夢の形があったっていい。**

40数年間、ぐるぐるとそんなことを考えて生きてます。「そりゃ眠れなくなるわな」と、はっきり口に出して言ってみたりして、自分で発したその言葉を耳から聞いて、改めて噛みしめて眠れなくなる日々です。

小2で人生を諦める

うちの両親はとても過保護で、幼稚園にも小学校にもよく顔を出している人でした。僕としてはとてもとてもそれが恥ずかしかったのですが、今思えばそのくらい心配な子どもだったのかもしれません。

こんなことを言うと怖がられてしまうので言いにくいのですが、幼稚園時代、とてもつまらない毎日を過ごしていました。最近の超自由型の人がよく言う「みんなと同じことをさせられてきつかった」というような話では全くなく。ただただ、つまらなかったのです。そしてそれが環境のせいではなく、楽しむことができない自分のせいであることもどこかで認識していました。

「幼稚園側は悪くない、何せ一緒にいる同級生がみんな楽しそうにしてるのだから！」

そう自分を責めながら、幼稚園時代はとにかく「小学校に上がるととても楽しいことがある」という刷り込みを信じ、なんとかキラキラの小学校生活を夢見て歯を食いしばって生きていたのです。

小学生に入学した僕はもうウキウキです。僕の家は小学校の学区の境目にあり、学校まで歩いて20分ほどかかりました。それでもまだ当時は学校に期待しかない僕は毎日、毎日歩いて学校に向かいました。

入学式が終わり、４月、５月、６月、夏休み…。そこではたと気が付いてしまいました。「特に楽しくない」ということに。

幼稚園時代は「友達１００人できるかな？」と口ずさみ、小学生生活を満喫するつもりでいました。でも、実際に通ってみると友達も多くは出来ませんし、幼稚園時代との違いといえばランドセルを背負うことくらい…？

もやもやしていた僕は、近所に住んでいた前田君に誘われ、少年サッカーに通いはじめました。サッカーは身体を動かし汗をかくので、素直にそこは楽しかったです。

しかし、全く上達せず、後から入ってきたチームメイトたちに、どんどんレギュラーを奪われていきます。こうして僕は、**小学1年生にして「人には向いてることと向いてないことがありそうだ」と感じるようになりました。ここで得たこの感覚は、今後の人生（仕事）においても役立つ原体験となりました（その話は追々）。**

勉強も特にできませんでした。かといってクラスの大注目を浴びるほどのできない側かというとそんなことはなく、毎回、見事に平均点をたたき出していました。

地味な見た目で特に目立つような性格でもなく、問題も起こしません。そのままあっという間に1年生が終わってしまい、2年生になりました。2年生の始業式の際、全てに絶望したのを覚えています。

「待てよ…楽しいと聞いていた小学校生活は、これがあと5年続くだけなんじゃないか？楽しくない！！！！　もうおしまい！！！」

そんなことを勝手に感じ、これからはとにかく「親と学校の先生に怒られないだけの人生」にしようと決意しました。

怒られたり心配されたりすることって、面倒くさいじゃないですか。この頃既に、子どもなりに「こう思っている」「こう考えている」と大人に説明しても伝わらないという現象を数多く経験していた僕は、早い段階で意思の主張を諦めることにしました。

幼稚園のとき、親とけんかになったことがあります。僕は自分の気持ちを一生懸命訴えていたんですけど、全然伝わらなくて泣いてしまったんです。そうしたら、両親が「あぁ、泣いちゃった、眠いから泣いてんじゃない？」って話し始めた時のお先真っ暗感。

「いやいや、そうじゃねえし！　おまえたちに話が通じないから泣いてんだよ！」

そんなことばかりでした。

「いやあ、全然つまらないなあ」なんて言った日には、いろんな人に心配されてしまうのはわかっているので、そこからはもうなんとかにこやかに生きようと決めて。下手な笑顔なんかもちゃんと作りつつ。

もちろん、伝わらないのはこちらにも責任があることもわかっています。世の中の楽しみを素直に受信できない自分は、どこかで間違えちゃったんだろうなという感じです。


そんな絶望期間突入直後の小学校2年生の学芸会。クラスで桃太郎を演じることになったのですが、先生の提案でオリジナルストーリーを作って演じる流れになり、「佐藤君は脚本を書いてください」という指令を受けました。

勉強もスポーツも全くできない子どもだったのに、国語の授業にあった自由律俳句の授業でだけ、表彰されたことがありました。そんなことで先生が僕の適性を見て選んでくれたのか、はたまたただの思いつきなのか、僕が浮いているのを気にした先生の配慮なのか、優しさなのか、ただの無茶ぶりなのか…。

謎は多いものの「先生の言うことは必ず聞く」と決めていた僕は、一晩で「桃太郎」を題材にしたオリジナルストーリーを作成し、提出しました。なんとなく「攻められた鬼も結構大変だった」みたいな話にしたと記憶しています。今思えば僕の創作物の原点のようなものだし、かわいいなとも思うけれど、小2にやらせるにはちょっと奥行がありすぎたような気もしますね。

ともあれ、**将来、作・演出みたいな仕事をすることになる僕の最初の作品は、これで間違いないでしょう。**このときは、珍しくとても楽しかった。毎日学芸会をしてほしいくらい（笑）。台本を渡してみんなで声を出してやってみて、作品ができ上がっていく過程も含めて、まあ楽しかったですね。**ものづくりの楽しさはこの時知ったと思います。**

さあ、そんな一瞬の楽しい時間は終わり、あとは再び日常です。日本人男性の平均年齢が75歳くらい（当時は）だと聞いた日は、大きなため息をついて下校しました。

「あと65年もあるのか…」

もちろん、自死する勇気も気概もそんな気もありません。

「長い人生、どうにかやり過ごすしかなさそうだ」

家庭にも学校にもどこにも居場所がない僕は、ただただしんどかったわけで。

6年間頑張って生活して覚えたのは、丁寧な挨拶と作り笑顔。これだけやっておけば誰にも心配されません。僕の小学校生活はこんな形で終わっていきました。

6年間続けたサッカーは特段うまくはなりませんでしたが、必死になってみんなでプレーする一体感と協調性はここで学んだと思うので、非常に貴重な時間だったと思います。

さて、人生の長い余生がはじまった僕は、中学生になり、ようやく生きていく理由を発見するきっかけと巡りあいます。

僕を救ったラジオの世界

「夜10時からラジオで面白いのがやってるから聴いたほうがいいよ」

中学1年生のとき、数少ない友人がぼそぼそとそう言いました。

彼は勉強熱心で、話し始めると急に熱っぽくなるその語り口が、僕はすごく好きでした。休み時間に1人で佇む僕に親近感を覚えたからか、彼の優しさからか、自然に話をする間柄になりました。

僕は小学校時代から友達が少なかったですし、中学生になっても友達はできませんでした。なぜ彼と話すようになったのか。おそらく同じくらい暗かったからじゃないかな？あとやっぱり彼は真面目だったから。

彼の話をきっかけにラジオを聴き始めて、それがようやく僕の救いになりました。

大好きだった音楽を聞くためのCDコンポとイヤホンで、初めて合わせた「ラジオ」「1242」「ニッポン放送」。そこから流れてきたのは、「伊集院光のOh!デカナイト

（通称：オーデカ）」という番組でした。これが衝撃的で、イヤホンをしながら声を押し殺しても、思わず声が出てしまうくらい笑っていました。

確認すると、なんと月曜から木曜の毎日やっているらしい！

当時の伊集院さんはテレビに本格的に出られる前で、見た目も年齢も何もわからない存在。けれど抜群にトークの面白い人で中学生の僕の脳内にある想像力を刺激に刺激して、面白ワードを詰め込んでくるような感覚。最高でした。ラジオとの出会い、伊集院さんとの出会いで僕の人生は大きく変わりました。

大げさではなく、中学生でラジオを聴き始めるまでは、本当に居場所がない毎日。「小2で人生を諦めた」のですが、楽しいと思えることがほぼなく、毎日が本当にただただ長かった。ラジオを聴き始める前までは何も楽しいことが見つからず、ただぼんやりと毎日が過ぎていき、これが一生続くのか…と。ただ、親、先生、大人たちから何も言われないために頑張っていました。本当にそれだけのための数年間でした。幼少期から人生に絶望し、**自分の感覚が常に間違っているように感じ、学校でも家庭でも居場所がなかったきつい日々の中で出会えたラジオは、本当に救いでした。**

日々の楽しみを見つけた僕は、毎日夜10時、ラジオを聴くために生きることにしました。夜10時にラジオを聴くために風呂に入り、夜10時にラジオを聴くために宿題を済ませる。そんな毎日。そうして僕の生きがい、人生の大きな支えとなっていったのでした。大げさな意味ではなく、あの時ラジオと、「オーデカ」と出会っていなければ、とっくにもっと酷い結末を迎えていたと思います。生きていく希望でした。

その後、「オールナイトニッポン」も聴きはじめ、1部、2部があることを知ると、2部までがっつり聴くように。登校時にもウォークマンで昨夜のラジオを聴いて、授業中はずっと眠いまま中学生活を過ごし、帰宅してまたラジオを聴くだけの中学生活になりました。当時の「オールナイトニッポン」は、誰がやってたんだっけな…？

そんなふうにニッポン放送が中心だったと思いますがＴＢＳラジオもつけてみたり。

ラジオにハマった理由を今振り返ると、「ラジオはこんな自分でも許容してくれそうだな」という体感があったからでしょうか。一人で楽しんでいいんだと思える時間だったんですよね。

ラジオはパーソナリティの方が、リスナーである自分と一対一で向き合ってくれているような気がしたんです。友達がいなかった僕にとって、ラジオは「近所の超面白いお兄ちゃん」であり、「クラスの隅でぼそっと面白いことを言う親友」であり、「団らんを与えてくれる家族」でもありました。ひいては、勝手に僕の中での伊集院さんが、そういう存在だったということだと思います。

また、ラジオのことを話せる仲間ができたことが「学校に行く」一つのモチベーションとなりました。感想を共有できる仲間は貴重です。

ラジオに触れて、〝楽しい〟と思える瞬間が訪れて、しかもそれを共有できる友達も数人でき、学校に行く理由もできた。伊集院さんが喋っている以上、ラジオを聴くために生きようと思えたのは、僕にとってもとても大きなことでした。

ラジオを聴いている時間だけが本当に楽しかった。その瞬間があることで、僕の人生がだいぶ方向転換され「オーデカ」がもう完全な僕の生活の支えでした。将来の夢を描くほど長期的に自分の人生は考えられないけど、**とりあえず今夜、ラジオを聴くまでは頑張ろう。それだけのために生きてましたし、今もそうです。**

僕が今、自分のラジオを放送する時に想像しているのは、ラジオの向こうで聴いている当時の佐藤少年です。

僕には伊集院さんのようなスキルも人間力もありません。ただ、自分が手掛けるラジオを、当時伊集院さんがなさっていた同じ22時台に生放送でやっている以上は、**数万人の中に1人でも当時の僕みたいな人が聴いていて、その人に来週の放送までなんとか生きようと思ってもらえる、そんな番組にしたいと思っています。**

ラジオにはそういう力があると思うし、そういう力を信じて自分のラジオを命がけで届けていきたいです。それが僕のかけた音楽だったり、ちょっとしたトークだったり、きっかけは何でもいいんですよね。

誰にとっても苦しい、言葉にできない時間が訪れるタイミングはあるでしょう。僕にとって、そこから抜けだす鍵は「没頭できる何か」「自分の心が揺れ動く何か」でした。それは「ラジオ」であり「お笑い」だったんです。

あのとき僕に「オーデカ」をすすめてくれた彼、元気にしてますか？　確か君はとても優秀な高校に行ったよね。いつかまた、君の好きなラジオについて教えてほしい。おそらく今も、趣味は合うのだろうから。

僕が進むべき未来は「芸人」しかなかった

幼稚園時代から「偽将来の夢」を書きまくってきた僕ですが、中学生になっても相変わらず「将来の夢」を書かされる時間は苦痛でしかありませんでした。だって、そんな先の話わからなくないですか？　職業に関する情報も選択肢も少ないのに。

「ゆっくりラジオを聴ける仕事があればいいな」

ラジオに触れてからの僕の「将来の夢」は、その程度のものでした。

ある程度ラジオを聴きあさると、どうやら僕の好きなラジオという媒体には、お笑い芸人さんが出演する番組が多そうだということに気づきました。それを機に、中学生の僕は、深夜のお笑い番組を見るようになります。

高校生になってからは、お笑いライブに足を運ぶようになっていきます。ラジオで知った芸人さんのネタを見に行ったり、テレビのネタ番組を見たりして、ラジオと共に「お笑い」が僕の生きがいになりました。最初はもちろん自分がやる側になるなんて現実味がない話で、ひたすらいろんな芸人さんのネタを見て笑う日々でした。

お笑いライブで実際に生のお笑い芸人さんを見たときに感じたのは、「人を笑わせるパワー」です。それはネタの構成、ワードセンス、設定、間…などなど、テクニカルなことはともかく、「笑わせる！」という人を圧倒するパワーが魅力的で。結果それでスベったとて、僕にとってはそのチャレンジを見届けることができた時点でわくわくする瞬間なのです。もちろんウケたほうがいいに決まってる。でもそれは結果でしかなくて、「人を笑わせようとしている」ことだけで、とても尊いなと思っています。

今でこそ、ライブの情報はスマホ一つあれば調べられますが、当時はインターネットというものはなく、情報は雑誌で手にするものでした。

最初にお笑いライブに行こうと思ったときに買ったのは、「ぴあ」という週刊誌。そこから僕はずっと「ぴあ」に夢中でした。僕の大好きな「お笑い」と「音楽」のライブ情報が掲載されているから。

毎週のように「ぴあ」を買い、ライブ情報を摂取。お金もないし、部活もあるのでたくさん見に行けるわけではないけれど、「世の中ではこんなにライブが行われているんだ！」という事実だけでもわくわくしていました。

そんなふうに「お笑い」に心も体も陶酔していた僕は、いつしか自分でもネタを書いてみたいと思うようになっていました。それを初めて行動に移したのは高2の文化祭。

「後夜祭、僕と漫才やらない？」

誘ったのはラグビー部のキャプテンの田中君。彼は学校の人気者でとっても華がありました。僕はといえばサッカー部ベンチで暗く地味な生徒だったのだけど、田中君とは割と話をする仲だったので勇気を出して誘ってみたのです。幸いにも彼は快く引き受けてくれて、僕はいささか興奮しながら人生最初となる漫才を書き進めました。

なぜ見ているだけでは飽き足らず、ネタを作って披露してみようと思ったのか。それは、当時行っていたライブで高校生コンビが出てきたのが大きいかもしれません。お笑いライブに出演して笑いをとっている同級生を見て、初めて「悔しい」という感情を抱いたのです。

ちなみに、今でも覚えてるのですが、ネタの書き出しはこんな感じです。

田中：どうぞよろしくお願いします。
佐藤：お願いします。
田中：（時事っぽいニュース）ほんと大人がちゃんとしてくれないと困りますよね。

佐藤：大人が子どもをだまして嘘ついてるだけの世の中はごめんだね。
田中：ほんとそうだね、もっと言ってやってよ。
佐藤：人をだましたりするのはとってもいけないことです。
田中：ほんとそうだ。
佐藤：モノを盗んだりするのはとってもいけないことです。
田中：そうそう。
佐藤：それでも僕はだましたりモノを盗んだりしてきた。
田中：え？
佐藤：世界が歪んでるのは僕のしわざかもしれない。
田中：ブルーハーツの歌詞の朗読するなよ。
佐藤：ヒマラヤほどの消しゴムひとつ。
田中：もういいよ、なんだよその話。
佐藤：とにかく嘘はよくないと思ってます、僕も。
田中：わかるよ。
佐藤：そうだよな。高校生だからってなめてんだよ。この前部活でね、練習中に水を飲んではいけないって言うんだよ。

田中：ルールだからな。
佐藤：俺がブラジルにサッカー留学してるときは、そんなルールなかったけどな。
田中：おまえ小山田出身だろ。留学の経験なんてないしサッカー部でもベンチじゃねえか。そういうのはサッカーうまいやつが留学するんだって。
佐藤：いや、ほんとに留学してたんだよ。じゃあ証拠にとっておきの情報教えてやるよ。ブラジル人って鼻殴るとコーヒー豆がだーって出てくるんだぜ。出てきてすぐ焙煎して飲んでた。
田中：嘘つけ！

今でも忘れていないということは、漫才第一作としてはそれなりに推敲したからだと思います。見様見真似でフリとボケとツッコミ、フォローまでしっかり入れているし。大きな間違いがあるとしたら僕をボケにしたところくらいかな。

完成まではさほど時間はかかりませんでしたが、お笑い芸人さんがよく言う「ネタ作りに苦労した」話が好きだったので、「台本書くまでに時間かかって大変だったよ」と言いながら田中君に渡したのを覚えています。芸人への憧れが強すぎるな（笑）。

これを読んだ皆さんがどう思ったのかはさておき、高校2年生の後夜祭レベルなので、まあウケました。ただし、暗い人間が高校の文化祭でネタを披露し、割と意図したところで笑いがきたなと感じたら勘違いしそうなものですが、僕はそうではありません。至って冷静。一緒にやってもらった彼が学校で有名人だったので、それだけでウケるところはある。だからウケすぎたなと思って、素直に喜べなかったです。

「クラスの知ってる人がやったら、あのくらいウケるよな。僕が見ているようなお笑いライブでやったらスベるだろう。でも、思い出作りの趣味としてはお笑い経験はありかも」

そんな程度に感じていました。冷めてるな〜、今考えたら（笑）。喜べよ！　ですね、素直に。

正直、自分はお笑いライブも見ていて、厳しい状況で芸人さんがやってるのも知っていたので、そんなに簡単にうまくいくはずがないと。僕が見ていたシアターDとか渋谷公園通り劇場よりも、お客さんが軽かったのかな（笑）。本来はウケたことに対して、もうちょっと勘違いしてもいいはずなのに、学生時代からあらゆることに対してセンスがないことを実感しすぎていて、勘違いできないいんですよね。

高校3年生の夏。学校で三者面談があり、苦手な「将来の夢」を書かされるはめになります。

周りのみんなはこのときはもう、「夢」から「目標」、もしくは「志望校」へと具体的な将来を描いていたはず。だけど僕はラジオばかり聴いていたので、大学に行くほどの学力は当然ない。我が家には浪人するような経済力もない。さらに、専門学校に進むほど興味を持てる分野はない。就職するガッツもない。八方ふさがりになった僕は、親と先生を目の前に初めての自己主張をします。

「先生、僕はお笑い芸人になってラジオのパーソナリティになりたいです」

先生も母親も全くノーリアクションのまま、全員で数秒間フリーズ。

そりゃそうだなと（笑）。勉強もスポーツもできない暗い男が、急にこんな自己主張を始めたらそりゃ「やめとけ」の4文字が浮かぶでしょうね。今はもうお笑い芸人は市民権のある仕事ですが、当時はまだならず者が目指すものだったので（笑）、フリーズの直後は、先生と親がタッグを組んで、僕に対して「いかに芸能の仕事が厳しいか」という説得を開始しました。

そもそも、僕が小さい頃から「公務員になってほしい」と言い続けてきた両親なので、反対するのは当たり前のことだったのかも。

でも、その話を聞かされるたびに「なんか将来決められちゃってるの怖いな〜」と考えていた僕の根底には、「親子とはいえ、別人じゃねえか」という思いが常にあったのです。

確かに親や先生の言う通り、芸人を目指すなんて厳しい世界だし、もちろん全く向いていなかったでしょう。大人たちの言う通りではあったんですけど、当時の僕の心情的には、このことはまあショックでした。

小2で人生に絶望し、そこからもずっと親にも誰にもわかってもらえないと（少なくとも勝手に）感じていた佐藤少年が久々にした自己主張が、こんなにも反対される…。こんなにも受け入れてもらえないという現実に直面し、改めて気持ちに蓋をしてしまうことになります。

結局、僕は高校3年生の10月10日、当時の体育の日から大学受験の勉強を始めることにしました。結局僕なんかが夢を持っちゃいけないいんだって。そう改めて思った高校3年の初秋。

一度は諦めたものの、最終的には大学を卒業後、逃げるように家を出てお笑い芸人を自称しはじめるのですが、その頃はもう「大成できるような才能はないけど、やっぱりネタを作って披露したいのでやってみよう。他にやりたいこともないし」、そんな後ろ向きで、消去法で、僕はお笑い芸人になりました。

消去法で芸人になった人なんて、僕くらいなんじゃないかな。

Special Talk

特別対談

01

20年の付き合い・親友 オードリー 若林正恭

佐藤　まさかの僕が本を出すことになりまして…。育ちから今に至るまでを書いてみると、まぁ若林君の話がたくさん出てきたね。

若林　あーやっぱり？

佐藤　出てきた出てきた。思えば20年弱の付き合いだもんね。出会ったのは僕が26、27歳くらいか。

若林　いやー、もう20年も経つのか。

佐藤　20代はきつかったよね。でも、環境は変わっても、僕らが会うときに話してることは今もそんな変わってない。今Amazonオーディブルでやってる「佐藤と若林の3600」の原型を、当時ポッドキャストでやろうって、家で録ったよね。

若林　俺が「ポッドキャストってどういうこと？」って聞いてね。

佐藤　若林君とは事務所に入ってすぐ仲良くなったでしょ。若林君と話すのは面白いなと思っていたところで、ポッドキャストが流行り始めて、自分たちでも配信できることを知って。普段喋ってるんだったら、録音して載せるだけだからやってみようって。どうせ誰も聴かないだろうと思ってやってたから、めちゃくちゃなことを言ってたよね（笑）。

若林　それが意外と聴かれてたよね。ライブやったら20人ぐらいしかお客さん入らないのに、500人ぐらい聞いていて、どういうこと？って（笑）。

佐藤　あの時はラジオに憧れていて、若林君が「ブースの向こうでスタッフが笑ってますけど…」っていうのを、「いやうちの部屋じゃねぇ

か！　誰もいねぇだろ」って（笑）。のちに「ＡＮＮ」でもそのくだりをやっていたのが不思議だね。

若林　当時は芸人がお笑い以外のことをやること自体が、ダサいっていうか邪道な感じだったなあ。YouTubeだってここ2、3年でしょ。今はやってないほうがおかしいってなってるっていう。

佐藤　最初は「YouTubeやってるやつだ…」って偏見の目で見られてたのにね。

若林　そうだよね。でも、サトミツはその時からもうやってた。時代の半歩先ぐらいだったら褒められるんだろうけど、ポッドキャストを始めたり、バンドを組んだり、サトミツの活動は先を行きすぎている感じがあったかもね。

佐藤　テレビで活躍できるほどのスキルもなかったし、いろいろ諦めていろいろやり始めたっていうところもあって。

若林　その時間サトミツは自分1人のネタ作ったり、ポッドキャストとか音楽やったりっていうのはあったかもね。根本的に、サトミツは自分の好きなこととか興味があることとかを軸に回ってる。

挫折と苦悩の日々に救いになった親友・若林からの言葉

佐藤　「虎の門」の映画紹介コーナーに出た時、僕は普通に映画を見に行った感想を言って、芸人だったら普通ボケろよってなるところを、若林君は「サトミツが自然にやってたのがすごい。好きなことを淡々と喋るのがいい」みたいに言ってくれて。それこそ今やっていることの原点はそこ。若林君には人を見極める目があるのよ。

若林　当時は感覚としてそれが面白かったんだよね。淡々と説明することが許される人と許されない人がい

て、サトミツは許されるほうだったの。あと、笑いをとりたい欲が出すぎると変に見えたりするから、それがないのも良かったんだろうな。今も「有吉ゼミ」でトイレ掃除の仕方を説明してるけど、普通は面白いことをやろうと思っちゃう。それが全くないから逆に面白い。

佐藤　それが自分のストロングポイントだとは知らないじゃん。言ってもらえて気づいたポイントだったりする。自分の強みがわからない、挫折と苦しみばかりで何をしたらいいかわからない時に、若林君がそう言ってくれたところから転がっていった感じだったんだよね。

若林　なるほどね。サトミツがやっていることはどうしてもやりたいことっていう訳じゃなくても、好きなことではあったっていう。それをやることによって、仕事がついてきた感じだよね。

佐藤　そうだね。それって向き不向きというか、生まれ持ったものっていうのもあるけど、超スターにならなくとも、割と熱があることで食べていける時代になったなと思ってて。

若林　演者か作家かどちらか1本にしたほうがいいっていう話もあったもんね。今じゃ両方やる人も結構いるけど。

佐藤　当時はあったね。でもそれも若林君は初期から「両方やっちゃえば」って言ってくれてたのを覚えてるな。選択する必要もないっていうか、「仕事が両方来てるんだったらやれば」みたいな。まあ、作家をやり始めた頃は、作家の先輩からあまりいい目で見られなかったけどね。

若林　〝二足の草鞋〟って今は結構

多いけど、当時は大変だったかもね。そういえば「有吉ゼミ」のラテ欄に「サトミツ大掃除」って書いているのも、変なルートでゴールデンで名前知られてるなーって思ってるよ（笑）。

佐藤　（笑）。面白いのがさ、「サトミツ」と「佐藤満春」って同じ4文字じゃん。だけど、ラテ欄もそうだけどサイドスーパーとかでね。「サトミツ&水ト」みたいな（笑）。「佐藤満春」でもいいのに「サトミツ」って（笑）。

若林　変な話だよね。自分で前にガンガン出る芸人のタレント性を諦めてるんだけど、トイレを突き詰めたらゴールデンの「有吉ゼミ」で、「サトミツ」っていうテロップが出てるっていう。

佐藤　（笑）。いや、本当にそう。

若林　普通だったらコンテストで優勝してからテレビ番組で特集されるわけだから。ルートがちょっと変わってるよね。

佐藤　複雑だよね。でも、「有吉ゼミ」だけだよ、ゴールデンでそんな風に使ってもらえるの。ありがたい話だよね。

この世界に今もいるのはサトミツの存在があったから

若林　俺らの漫才の稽古では、サトミツがそれぞれの練習相手をやってくれるけど、この間、久しぶりにオードリーで新ネタ作った時、iPhoneで録音してくれたじゃない。で、録音したものを流しながら、その音に合わせて春日が動く動画がサトミツから送られてきて…。

佐藤　あれね（笑）。

若林　漫才の音源を流して、春日がそれに合わせて動くから、ほとんどボカロだよ（笑）。ダンサーが音楽かけてダンスの練習するみたいな、あの稽古方法は思いつかない。俺は春日の動きを確認したいだけだから、自分の稽古時間が減るし、あれは助かったな。

佐藤　（笑）。確かにそうか～。

若林　長いことオードリーについていないと何が問題かわからないだろうし。春日に漫才のダメ出しするのも、俺が言うよりサトミツが言う方が言うこと聞くって発見できてちゃってるんだろうね。22年やっててまだそんな事わかんねえのかよ、マジかよって思ってるから（笑）。

（笑）。多分俺が言うとイライラが出

佐藤　なるほどね（笑）。

若林　だから俺が言っても入らないんだろうね。サトミツって多分優しく言うだろうからさ、それだと理解できるんだろうね。春日の結婚前はもっと大変だったよね。喋らないし…。

佐藤　いや大変だったね〜。怖かったよね。

若林　確実にサトミツがいなかったら芸人辞めてるだろうね。面白いって言う人がサトミツしかいなかったから。

佐藤　（笑）。当時ね。

若林　俺の態度が悪かったから、先輩の俺らへのあたりも強い。その辺の不器用さもあって。

佐藤　まあ若いしね（笑）。

若林　ちょっとしんどかったね。2005年から2008年くらいまでは、何度サトミツに「もうやめようと思う」って言ったのかわからないから。

佐藤　言ってたね。あの3、4年は本当に苦しそうだった。

若林　サトミツが「オードリーはめちゃくちゃ面白いから」って言ってくれるけど、「オンエアバトル」で落ちて、「M−1」も1回戦で落ちて。事務所も新しい芸人をどんどん採るから、あの辺りでやめてもおかしくなかったよね。

佐藤　でも面白かったからね、当時から。若林君がしていたエピソードトークも、漫才も、当時からずば抜けてた。

若林　その後、「M−1」に出るちょっと前に、吉本のバッファローさんとかに、「ダイナマイト関西」とか出してもらったりしてようやく…。それでも会社は半信半疑。こいつらが面白いはずないみたいな。だから、サトミツの言葉には感謝があるな。**俺、孤立していたから、サトミツがいなかったら誰にも何も言わないまますんなりやめてたんじゃないかな。**

佐藤　止める人がいないとなるとね。

若林　当時、ずっと一緒にいたけど、サトミツも俺も、お金が欲しいとかモテたいとかそういうギラギラがあまりない同士で。あと、東京出身同士だし、見てきた番組が関東ローカルの深夜のヤツで、同じだったりしててさ。

佐藤　（笑）。結構近かったんだよね。

若林　音楽も、チャットモンチーの関係者だけのデビューライブにハガキ出して2人で当選してさ、チャットモンチーが関係者にお披露目するっていうところに…。

佐藤　行った行った（笑）。渋谷のね。まだデビュー前の。行ったよね、2人で。

若林　その後「芸人交換日記」っていう舞台で、スタッフから「ご挨拶にいらしてます」って言われて誰だろうな？　って思ったらあの、チャットモンチーの橋本さんが立ってて！　時空ゆがんだもんね。

佐藤　あの時見に行った人がね。

若林　本当に。とにかく、サトミツとは見てきたものが近いから、感覚を信じることができたんだろうね。

自分が好きなものは何か 心の声に耳を傾ける

――苦しんだりもがいたりしてきた経験のあるお2人から、やりたいことが見つからずにもがいている人たちに声をかけるとしたら？

若林　やりたいことが見つからない人は多いみたいだよね。外からの声とか情報を聞く機会って増えたと思うんだけど、だからこそ、「やりたいことってこういうことだよね」っていう世間の常識みたいなものが列挙されすぎて、自分の心の内側の声に耳を澄ますことがおろそかになっちゃうことがあるんじゃないかな。その心の声も自分では気づけないから、何でも喋れる人との縁が大事なんだと思う。サトミツがトイレに詳しいのって、サトミツ自身も多分、当時は自分がトイレを好きだとは気づいてなくて。楽屋にいるのが嫌だからトイレに籠もっていたみたいだけど、都内のキレイなトイレの地図を持ってたのよ。渋谷の東急本店のトイレはウォシュレットがあってきれいとか、劇場の近くで出番ギリギリに帰ってこれるきれいなトイレのリストを作ってたんだよね。

佐藤　作ってた作ってた（笑）。

若林　それ変だよって話になって。で、トイレの話でアツくなった。だから、「トイレにいるのが好き」から「トイレ自体が好き」になっていることに確信を持つためには、それを理解し合える人と出会うってこと。そこはもしかしたら運が良かったよね。

佐藤　めちゃくちゃ良かったね、本当に。

若林　サトミツがネタ見せのときに外に1人でいて、こんな人いるんだと思って。俺も人と接するのが嫌で孤立していたから、話しかけたら、「都内のあそこのトイレがきれいなんだよ」って2人で行ってね。

佐藤　あったよね。

若林　しかも無料（笑）。
佐藤　お金もないし。
若林　スタバとかには行けないから、トイレにいたんだよね。
佐藤　ひどい時は、別々の個室に入って、出番まで過ごしてたもんね。
若林　そうそう。トイレという自分の好きなものが市民権を得ていないからこそ、サトミツが芸能界でトイレを語るようになったのかも。外の情報ばかり聞いていても、それを武器にしようとは思えないから。だから、心の内側の声を聞くことと、気づいてくれる他者の存在が大事になるね。トイレって必要があって行くわけだから、好きかどうかはなかなか気づけないよね。「変だよ」って言ってくれる人がいないと。
佐藤　日常だから自分じゃわからない。しかも、それを面白がってくれたり、許容してくれたりする人と出会えているか。そういう人が隣に1人いるだけで、もう全然違う。
若林　当時はトイレだけが治外法権。外からの刃を避けられる場所だったから、愛してたんだろうね、トイレという空間を。
佐藤　プライベート空間だからね（笑）。
若林　前に「タモリ倶楽部」で投網サークルを特集していたことがあってね。投網ってきれいに広げるのが難しいらしいのよ。何か月、何年とかかるらしくて。だから魚を捕まえることよりも投網を投げることが好きになっちゃった人がいて、そういう人たちが投網サークルを作って、公園で網を投げるの。「魚を捕まえることが喜びじゃないんですか」って質問したら、タモリさんにすごい怒られた（笑）。
佐藤　（笑）。
若林　「お前、変態を馬鹿にしてんのか」って（笑）。その人たちで言えば、魚を捕まえるより、網を投げるほうが好きだって気づけるかどうか。だから、自分には何もないって思っている人にも、絶対に偏愛しているものがあるはずだし、それを誰かに見つけてもらったり、自分の声に耳を澄ましてみたりするのが大事なんだと思う。
佐藤　あるなあ。今もそうだけど、当時、自分には個性がない、普通だなって思って悩んでいる青年だったから。トイレが好きなことが変だと思ってないからさ。気づいてなかったら、ただのトイレ好きとして何事もなく終わってたんだと思う。そういう理解者に1人でも出会えるかどうかは大きいね。

世の中に違和感を抱く人は 自分の〝心地いいもの〟を探そう

若林　こうして考えると、サトミツの仕事の仕方って、不快だと思うことから逆算して仕事を選んでるんだよね。不快を避けるために自分の心地いい方向に行くことに関しては、結構命がけでやったんだろうなと。

佐藤　確かに。

若林　だから、世の中に違和感を抱いていて、誰にも言えずに自分を押し殺してる人がいたら、心地いいことを仕事にしていけばいいんじゃないかな。それを探している人には、働き方としてこの本が参考になると思う。

佐藤　そう言ってもらえるのはありがたいね。

若林　俺は舞台に立つのだけが好きだけど、サトミツはもぎりとか劇場に椅子並べるのとかも好きなんだよね、信じられないけど（笑）。

佐藤　面白いものに触れられるなら、裏方でもいいのよ。

若林　人が喜ぶのが好きだよね、サトミツは。そういうところが作家としてみんなに重宝されるところだと思う。サトミツは違和感から出発して、心地いい働き方を見つけた人なんだな。そこにたどり着くまでは、死闘だったと思う。

佐藤　いや〜、結構きつかったよ。わかってると思うけど。

若林　いろいろ言われてるのも見てきたし、本人的にはどう思ってるかわかんないけど、激しい戦いだったんだろうなと。「有吉ゼミ」でサトミツがテロップになるまでね（笑）。

僕のことを
誰よりも知る人。
こういう対談でもないと
改めて生き様のことまで
話せないので
本当に貴重な機会に
なりました。またね

2

芸人 佐藤満春

お笑いに没頭した大学生活、そして相方との出会い

大学に入ってからは、お笑いライブを見る機会が増えていきました。見に行くだけでは飽き足らず、ネタを書き、披露する機会も多くなっていきます。大学時代のネタは、大学生が作るネタとしてはまあまあだけど、プロにはなれないっていうぐらいのレベル。

この時点で勘違いしていると人生楽しいに決まっています。でも僕は、やけに冷静に客観視していて、なんだかなと自分でも思います。ライブを数多く見ていたからこそ、「プロはこんなもんじゃない」ってちゃんとわかっていたんですかね。

大学3年生になった頃、周りはみんな就職活動をしていました。

僕は特技もないし、秀でているものもないし、興味を持てるジャンルもない。みんなが持っているような特技や才能、興味や趣味、あらゆるものが欠如していて、誰にも見えていないような、空気のような存在。一応夢中になれるものは、ラジオ、お笑い、サッカー、音楽とあるけれど、その中ですごく狭い範囲のものしか好きになれないうえ、仕事に出来るほどかというと、そこまでの自信はない…。

だから、高校以来で再び訪れた「職業を選ぶ」という機会は地獄でした。「なんにもないじゃん」って。「才能がない」っていろいろ諦める言い訳で使われがちだと思いますが、当時の僕も逃げ道としてその言葉を使っていたような気もします。

「誰かに迷惑をかけることはやめよう」と思って生きてきた僕は、小学校から大学まで、親や先生の言うことをめちゃくちゃ真面目に聞いて、課題も全部出す「勉強ができない優等生」という生き方で自分を守っていたのだと思います。「勉強できない優等生」って恥ずかしいんですよね。

その真面目すぎる性格から、大学の学園祭では核兵器についての研究発表を屋内展示で行い、3日間で来場者2人という記録も作り出しました、いやもう帰れよと自分に思ったり。

未来のことを考える余裕もなく、とりあえず来週くらいまでは精一杯生きようと思う日々。

となると先の選択肢はどんどん狭くなります。

本当に消去法の消去法なんですが、いざ将来を決めようと思ったとき、僕を救ってくれたラジオにたどり着くという線と、ずっと見てきたお笑いをやるという線はすごく近いので、「お笑い芸人を目指しながらラジオに関わる仕事を目指す」というぐらいしか生きるモチベーションがなさそうだなと考えました。

数年間は芸人として食べられない下積みの時代があるとか、そこで辞めていく人も多いとか、心構えが必要なことは聞いていました。しかし、その事実は逆に僕に勇気をくれて、**「やってみてダメになって諦めてもいい世界」のようにも感じていたんです。**お笑いに対する努力をしていい時間が何年かあるというか、許容してもらえる気がしたんですよね。

当時、僕が憧れていた芸人さんはフォークダンスＤＥ成子坂さんやバナナマンさん、ジョビジョバさんでした。だから、やるならコンビやグループを組んで活動をしたいという思いがありました。それには仲間も相方も必要ですが、僕には職業として芸人を目指したいと考えている仲間も友人もいません。僕が学生時代にネタを作ってライブに出てくれていた友人たちは当然のようにみんな就職していき、一緒にネタを披露する仲間がどんどん減っていく現実。僕自身は就職活動をするやる気も根性もなく、ウロウロと近視眼的に、「明日、明後日の未来が楽しければとりあえずいいかな」くらいの日常を過ごしておりました。

そんなふうにモヤモヤしていた僕がいろいろと相談をしていたのが、創価大学の落語研究会の皆さんです。

2000年前後、当時は大学お笑いブームがあり、さまざまな大学の落語研究会がお笑いライブを主催し、プロ顔負けのライブを開催していたように思います。落語もやって漫才もコントもやる、歴史のある大学もあるし、落語研究会といいつつ落語を一切やらない大学もありましたが、創価大学の落語研究会は前者でした（ちなみに僕は明治大学の騒動舎という、ジョビジョバを輩出したサークルが大好きでした。ジョビジョバみたいなコントをずっとしたかったし、今もそう。憧れ）

知り合いの紹介で、多くの大学の落語研究会のみんなと知り合い、芋づる式にどんどん知り合いが増えていきました。当時もうプロで活躍されていたエレキコミックのやついいちろうさん、今立進さん、耳なりの2人。ナイツの塙宣之君ともこのときに出会って話を聞いてもらったり。

やついさんと塙君には特にいろいろ相談させてもらった記憶があります。象徴的に覚えているのは、大学を卒業してすぐ、落研のライブに誘っていただき、卒業生である塙君と一緒にライブを見ることになったあの日。塙君もプロを目指して相方を探しているという僕と同じような状況で。なんとなく2人で感想を語りながらライブを見ているときに、塙君から「誰が面白かった?」と聞かれ、僕が即答で「ズバ抜けて面白いのは彼だ」と話したのが、当時大学4年生、のちに相方となる岸でした。

今もそうですが、岸が芸人として優れているのは、「立っているだけで何かをやりそうな雰囲気」を持っていることです。これは結局何もやらなくても面白くなるし、実際に動きや発言に期待感のある人って貴重だなと思っています。僕がそこに対して全く何も持っていなかったので、彼とやりたいと思ったのかもしれません。コントの設定もいいし、あとは抜けたような演技力もいいと思いました。後からわかったことですが、このとき塙君はちょっとだけ僕をコンビに誘おうと思ったこともあったとのこと。でも、この人はコントがやりたいんだなと思い、漫才をやりたい塙君は声をかけなかったということを先日聞いて驚いたものでした。

2001年8月16日（なぜか日にちもしっかり覚えてるのは不思議）、知り合いの知り合いに岸を紹介されて、僕らは「どきどきキャンプ」というコンビを結成しました。既に、僕が大学を卒業してから1年半ほどたっていました。

ビルの下で2人、コンビ名を相談していて、2人ともサッカーをやっていたので「サッカー」というコンビ名に一瞬なりました。ただ、お互い弱小校のベンチだったことが判明し、「サッカー」を自称するほどではないということで、よくわかりませんが「どきどきキャンプ」になりました。今思えば「佐藤・岸」でも全然良かったですね。

2
芸人 佐藤満春

ぼろくて小さな城で見つけた幸せ

「どうも、お笑い芸人です」

大学時代も友達と一緒に高校時代のようにネタを書いて内輪で披露したり、素人が出られるライブに出たりと、客前に立つ経験は積んでいましたが、芸人を自称するようになったのは、やはりコンビを組んで生活の軸をそこに置いてからでしょうか。

岸とコンビを組んでから、実家を出て杉並区の久我山という街で一人暮らしを始めました。家賃2万2000円。風呂なし、共同玄関。4畳半。下積み時代を絵に描いたようなぼろアパートでした。

僕にとってはその城はユートピアで、自由の証で、親の呪縛から解き放たれた象徴のような存在です。10分100円のコインシャワーを毎日使い、臨時収入があったときは、いつもより長めに20分、体の隅々まで念入りに洗ったり。逆にお金がないときは、芸人の友人たちとコインシャワー前でシャンプーまで泡立てて、100円で5分ずつ入って50円で済ませてみたり。

その頃、アミューズという事務所がお笑い部門を立ち上げたばかりで、学生芸人を集めるプロジェクトが進行していました。岸が当時そこの預かり（預かりも預かりで、今考えたらアミューズは会社として動いていたというよりは、数人の社員さんのプロジェクトだったと思う）にいる関係で、コンビを組んだ直後はそこのライブに出ていました。

数か月後、アミューズはＷＡＧＥ（小島よしお君やかもめんたるの2人も入っていたグループ）以外とは契約しないという流れになり、そのプロジェクトは解散。僕としてはいち早く他事務所に行くことを考えていたのだけど、そのときのアミューズの社員さんが個人事務所を作りたいということで、僕らもそこに誘われ、岸がそっちに行きたいと判断し、数年間はフリーで活動することになります。

のちにその団体も解散となり、今の事務所、ケイダッシュステージに拾ってもらえることに。最初から事務所に所属していたわけでもなく、入った事務所も吉本興業のような芸人がごまんといる事務所でもなかったので、芸人の友人も仲間も少なかったですね。

それでも当時の僕は、僕なりに精一杯楽しみを見つけながら生きていました。

高校時代から夢見た憧れの芸人生活！！！

実家を出て手にした「自由」。

お金はない、実力も華もない、才能もない。でも自由がありました。

ネタを作り、稽古をして、お笑いライブに出演する。そこそこウケたりスベったり。苦しくも楽しい時代でした。「経済的に苦しい」はベースにあるけれど、それよりも好きなことを誰の目も気にせずやっていける充実感！

小さなライブでちょっとずつ優勝させてもらったり、初めてライブで出待ちしてもらったりした喜びは忘れません。

コンビを組んでネタ作りを始め、オーディションに合格してライブに出て。当時は今ほどライブもなく、出られるライブは月に3～4本くらい。

ライブに出始めた当時は、ｉモードで芸人のファンサイトが出来るほどお笑いが全盛期で、僕らのファンサイトができたりもして。ただしお客さんの移り変わりも早いので、僕らのファンサイトは3か月で閉鎖。その管理人だった方はそのあとキングオブコメディのファンサイトを作成し、そこも半年後に閉鎖…そんな激動の時代でした。

「自称芸人」が溢れるほどいる中で、ライブには出させてもらえたし、単独ライブもすぐ開催出来たし、悪くなかったと思います。当時はそんな言葉はなかったけど、「地下芸人」のような人よりはだいぶいいライブに出させてもらっていたし、なんとなく期待感はギリギリ持てるところにはいたのではと。

しかし、数年間はお笑い芸人としての収入はあってないようなもので、ほぼアルバイトをして生活してました。居酒屋もカラオケもコンビニもやったかな。あとデータ入力のバイトに朝から夕方まで行ってそこからライブとか。

売れてない芸人って暇だと思われがちですけど、そこそこ忙しいんですよ、本業がお金にならないのに、ネタ作りやお笑いの勉強…などなどに時間を割かなければならないし、バイトもたくさん入れなければ、最低限の生活をすることができません。

「連れまわす後輩が忙しくて腹が立つ」と芸人さんが嘆くエピソードをよく聞くと思うんですが、忙しいのはそんな理由から。「売れてない芸人ほど忙しい」という事実を、売れている芸人さんって忘れていくんですかね。少なくとも僕の周りはみんな忙しそうにしていました。

世間的にはただのフリーターなんでしょうけど、僕にしたら好きなお笑いのネタを作って、自分が見に行っていたようなお笑いライブに出演して、1000円くらいの交通費だけもらって、原付でぼろアパートに帰る。そんな毎日も、実家に住んでいる頃に比べたら悪くなかったです。もちろん、これは「今振り返って思うこと」なので当時の心境からしたら「いやいや、毎日吐きそうだよ」と言う可能性はありつつ、ですが。

念願の単独ライブの開催、小さなライブの大会での優勝、などなど、「大きな才能はないけれど、お笑い芸人として自称してもよさそう」な時間を与えてもらったように感じていた数年間。

ただ、毎日楽しくはやっているけど、ライブシーンで才能が溢れまくった化け物に出会うたびに、「いや、これは努力や環境でなんとかなるレベルじゃないぞ」と改めて思っていたりしたのも事実。

お笑い芸人として食べていくということは、選ばれし人のみが許されることで、それ以外の人はなかなか難しいという現実を、この頃からどこかで感じていました。ずっと将来的に芸人として大成する自分は描けないまでも、なんとなく30歳くらいまではこのまま生きてみようかなと、そううっすら考えながら、毎日を生きてました。

今でこそ、「50歳のお笑い芸人が下積み20数年で売れて…」というサクセスストーリーも、手放しで喜んでもらえる時代になりましたが、当時は30歳を超えても売れずに、100人規模のライブに若手と一緒に出てる芸人さんはレアで、みんな30歳を超えたらどんどんやめていく世界でした。

僕自身も30歳を過ぎてもまだ売れずに芸人を続けてる人を「ええ？　こんなおじさんなのにまだ？」と強めに感じていた側でしたし。今考えたら30歳なんてまだまだ若いし、好きにしたらいいんでしょうけど。

さらに今の時代なら、「副業でしっかり収入を得ながら、自分の力量や才能と向き合いつつ、週末だけお笑い芸人をやる」ということも許されると思うのですが、当時はそんな概念がありません。

やるか、やめるか。

そんな2択にずっと迫られつつ、モラトリアム的に芸人をやっていたような…。

「もう、いい加減諦めなよ」——どこかから聞こえるそんな言葉を、小劇場の100人の笑い声で吹き飛ばしつつ、僕はお笑い芸人を自称していました。

「テレビに出たらなんとかなるのかな?」

そんな浮ついた具体性のない希望も持っていました。とはいえ「出たいテレビは?」と聞かれても特に思いつきません。僕はラジオをやりたくて芸人になったので、テレビに対する執着があまりなかったんですよね。「有名になってお金持ちになって、いい車に乗りたい」みたいなベタな欲求も持てず。そう思えない自分にいら立つことすらありました。

相方の岸は不思議な男で、すごくドライに見えて、すごくピュアにお笑いと向き合っている貴重な人間です。

彼は「賞レースのためのネタ作り」や「賞レースのためのネタ調整」が大嫌いです。要は「ただ、面白いと思ってることをやる」こと以外は、（極端な話）興味がなかったのだと思います。とはいえ、じゃあ賞レースに出ないかといったら全然出るし、準々決勝くらいからめっちゃ緊張してたりもするから、そのあたりはすごくかわいげがあるなと思いつつ。

僕自身はと言うと、もうちょっと手前のところで考えるのをやめてしまっていて、賞レースに向けてネタをブラッシュアップすることはそりゃやったほうがいいけれど、優勝したり決勝に進んだりする人はそもそもそれなりのところにいるし、「僕に果たしてそこまでの素養があるのかな？」という意味で、めちゃくちゃドライだったと思います。岸が才能あるとかないとかは一旦さておき。

岸とコンビを組んで最初のネタ見せで講師にきていた、山田ナビスコさんというNSCなどでも教えている作家さんに、「どう考えてもどきどきキャンプは岸のコンビになっちゃうから、全ての判断は岸に任せるしかないかもね。岸はやりたいこと以外はやらないだろうから。お笑いに対してわがままなのが彼の持ち味なので、佐藤はもう彼と組んだことで、ある程度覚悟しないとダメだよ。その分、佐藤が1人でできなかったお笑いはできると思う」と言われ、妙に納得したのを覚えてます。

僕のように「○○のために○○を準備する」ことを全くしない岸。これはもう良さでもあるのでなんとも言えません。お笑いをビジネスとして考えた場合、めちゃくちゃ問題だとは思いますが、生き様としてやっていくと考えた場合、それはそれでいいのかな。そんなふうに思っています。魅力でもあるし。

岸はコンビを組んだ頃から、「コンビと言えども、それぞれ自立しないとやっている意味がない。依存はしない」「40歳超えてバカなコントしてたらそれが一番面白い」、この2つを結構強めに僕に話していました。35歳過ぎたあたりから、「40歳超えて～」のところが、「50歳超えて～」に置き換わるようになったのは笑いましたが（笑）。

今の時代は、プライベートでも仲良しで、肩組んで青春しているコンビに需要があるので、うちのコンビなんて最悪な状況だと思うのですが（笑）。こんなドライな関係でも、時代によっては微風が吹くこともまたあるのでしょう。知ったこっちゃないですが。

今でもそんな岸のことは頼りにしていますし、尊敬もしています。随分とオシャレな服装に目覚めたりバーを経営したりと自由奔放ですが、好きに岸らしくいてほしいなという感情。

青春の「オンバト」

芸人生活を続けて数年、少しずつ同世代の芸人さんがテレビに出るようになっていきました。僕らの世代で一番最初に明らかなブレイクをしたのはアンガールズです。あれよあれよという間にテレビの世界に出ていく彼ら。つい先月まで20人くらいしか入ってないライブに一緒に出てたよね？　と。

ただ、だからと言って不思議と嫉妬心はありませんでした。もちろんそんなふうになりたいと思わなかったわけではないけれど、芸能界は限られた椅子に座れるか座れないかの世界。アンガールズは間違いなく面白かったですし、彼らがその椅子に座るのは当たり前のように思ったのかもしれません。

20人くらいしかお客さんが入ってないスタジオTWL。「スペシャルオールスタージュニア」（だったかな）というライブがあり、山根さんが19時開演のライブに寝坊してきました。お客さんは山根さんが遅刻したことを知りません。山根さんはエンディング寸前、ぎりぎりに到着。アンガールズの鉄板ネタに「3か〜いめ〜！」というお決まりのものがあるのですが、田中さんが山根さんの頭をたたくくだりで、いつもより絶対力入ってるだろうたたき方をしていて、袖で見ていた芸人たちが大爆笑していました。そんなライブに一緒に出ていました。

彼らから遅れること数年後、「笑いの金メダル」というテレビ番組で共演したときに、田中さんも山根さんも「やっときたな～」と言ってくれて、その時はうれしくてにやにやしたものでした。**芸能の世界で生きていく、テレビの世界は今いるこの舞台と地続きなんだと思わせてくれた瞬間でもありました。**

そんな中、NHKの「爆笑オンエアバトル（通称：オンバト）」に挑戦するチャンスがやってきます。10組の芸人がネタを披露し、お客さんが面白かった組にボールを投票。重さを計測し、上位5組のネタがオンエアされるというシステムです。

その頃の一喜一憂は、青春時代の部活動のようで。最初に挑戦したときは220キロバトルくらい（満点は545キロバトル）で、オンエアに乗ることはありませんでした。結果が出た瞬間はめちゃくちゃ落ち込んだけれど、終わって喫煙所にいた岸が泥みたいな表情で落ち込んでるのを見て、「岸ってこういうのショック受けるのか…」と笑いそうになったりもして。

オンエアされたらほっとして、オンエアされなければ「早く放送日が過ぎて、みんな忘れないかな」と思ったりもする（笑）。

「オンバト」はこれまで曖昧だった芸人の序列、ヒエラルキーを数値化し、可視化したシステムでした（一方的で、ある意味では偏ったそれではありますが）。「オンバト」でオンエアされないことで、芸人を辞めた人もいるくらい。そのくらい、僕らにとっては重要なことでした。が、今思えば世の中にとっては「ある狭いコミュニティでの話」だったのでしょう。

当時の僕ら、芸人界隈の感覚では、「世の中の人がみんな『オンバト』を見ていて、オンエアされないと誰も相手にしてくれなくなる」くらいに思っている人も多かったのですが、よく考えたら「オンバト」自体を知らない人もたくさんいるし、いちいち若手芸人の戦いの結果を世の中は気にしてません。

でも、当時の視野では見えている範囲が狭かったのでそうは思えなかったですね。逆に言うと、「ここで勝っていくと、将来的な何かに繋がるのでは？」と思ったりもしていました。どちらも不正解ですよね（笑）。

もちろん、あの時感じていた喜びも悔しさも、あってよかったことなのかもしれませんが、もうちょい引いて、果たして何のためにその番組があって、どういうシステムなのか冷静に冷めた目で見てみるのも一つの手だったかもしれません。

投票する観覧者は各世代を集めた100人。じゃあ90人に全く響かなくても、「残り10人の人生を変えるほどのウケ方だとしたら？」みたいなことを考えると、オンエアされるかされないかはその番組の尺度なだけで、オンエアされないからって落ち込んだり、ましてや辞める必要なんて絶対ないと今になって思うのだけど。

そんな冷静な思考など程遠い当時の僕は、最初にオンエアされた日なんかは、もう売れたんじゃないかというくらいのテンションで。帰りに松屋でいつもより豪華な食事を堪能したのを覚えています。豚汁も、サラダもつけちゃう。

当時はもう、そこだけが僕らの世界でした。

テレビと劇場

「オンバト」以外のネタ番組で、最初に僕らを出してくれたのは、テレビ朝日の戒能真理さんと藤井智久さんです。「関根&優香の笑うなつやすみ（あけ）」という番組の1分コーナーでした。

当時、フリーでやっていた僕らをわざわざオーディションに呼んでくれた戒能さんと、オーディションで見たどこの誰かもわからない僕らを使ってくれた藤井さん。お笑い好きの大林素子さんが推薦する若手芸人が、1分ネタを披露するコーナー「素子ズアイ」に出演しました。そう考えたら大林さんも恩人ですね（笑）。

1分ネタでもテレビに出る感動がそこにありました（思えば最初にTVでの1人トークで評価してくれたのは「虎の門」の後番組の「ジャガイモン」でのトーク企画で僕にMVPをくれた勝俣州和さんといとうせいこうさんでした。「虎の門」にはとても縁があります。ちなみに、ラジオの1人トークを最初に評価してくれたのは宮川賢さんです）。

2005年12月、ケイダッシュステージに入ることを決断します。

事務所に入ってからは、定期的にオーディションに参加させてもらうことができ、事務所スタッフや事務所が呼んだ放送作家にネタを見せてアドバイスをもらえる「ネタ見せ」の機会ももらえました。

これについては賛否両論。要は芸人なんて「これが面白い！」と思ったものを貫けばいいわけで、ちょっと乱暴な言い方すると「事務所が雇った、初めて会った放送作家のアドバイスなんてきく必要あるかい！」です。もちろん、相性次第では将来的にキーになる言葉をもらえることもあるでしょう。

しかし、ある種そのネタ見せが締め切りになり、稽古するタイミングになり…という好循環が生まれたのは事実でした。

あとはやはり劇場を自分でおさえなくてもライブが開催できること。これが大きな違いでした。

人気の劇場は1年前くらいに予約をしないと埋まってしまいます。そこから音響、照明、舞台監督の手配、予約金の準備、チケット発券の手続き、フライヤー作り、フライヤー配り、告知、ネタ作り、稽古、本番…と、フリーでやっている場合はこれだけの手順を全て自分たちでやらなければなりません。そのネタ作りの前までが全てなくなりました。

「なんだ、ネタ作って稽古してライブで披露するだけか…」

僕はライブ作りの全般が好きだったので、多くの作業が消失したことに変な寂しさもありつつ、いきなり事務所に所属していたらこうはならなかっただろうと不思議な感覚でもありました。

オードリーがよくラジオで話をしてくれるけど、僕は本当に劇場が好きです。劇場の手配、もっというと劇場を予約しに見に行ったり、いろんなライブに行って次に自分が使うことを想像して楽しんだり。オードリーが「小声トーク」という自宅でのトークライブを経て、いよいよ劇場でライブを開催することになったときも、僕は初回からずっと、椅子の準備、受付、音響、照明、片付けをやらせてもらっていました。楽しいんですよね。

今でも劇場の予約から公演まで全てを担当できるのは、元々、事務所に所属せずに全てを自分でやっていたからでしょう。

しかも、そのときから全く苦ではありませんでした。理由は自分でもわからないけど、お笑いライブを見に行って、そこで救われた記憶があるからかな。好きな食べ物が「カレー」という人に「なんでカレーが好きなんですか?」と聞いても、気が付いたら好きだったとかそんなもんじゃないですか、答えって。

「解散」の2文字が出た日

多少テレビに出られるようになっても僕らの生活は特に変わらず、1年に2回くらい「オンバト」に挑戦する以外はずーっと小さなライブに出るだけの日々。

ずっと頭にあった「やめなきゃいけない期限」の30歳も近くなり、モラトリアム的にやっていたお笑い芸人を続けるために、「飯を食べていく」だけの収入を稼ぐ、つまり**「自分にある程度の商品価値をつける」という目線を持つことにしました。**

仕事にするということは、誰かに何かを託されること。誰かからお金をいただいて芸人として仕事をするということは、何かのスペシャリティがないと難しいとずっと考えていました。それは得意なことや好きなことでいいはずで、まさか後に大好きなトイレや掃除や音楽が僕に付加価値をつけてくれることになるとは、このときは一切考えていなかったのだけど。

お笑い芸人は選ばれし人がやるべき職業。僕にはそのセンスも素養もないわけです。上には上がもちろんいて、同世代でも先輩でも後輩でも、同じ土俵で戦ったら相手にならないほど圧倒される人に出会うことが多いのです。ずらーっといる芸人さんたちに何なら勝てるか？？　さっぱり思い浮かびません。

とにかく、お笑いを続けるには何かしらの延命措置が必要なタイミングが迫っていました。「お金はないけどやっていて楽しい」だけでやっていい世界ではありませんから。

小さなライブで優勝したり、小さな大会でいいところまで行ったりして、苦しい毎日ではありましたが「まあ、まだやめなくてもいいか」というギリギリのラインにいた頃、僕がまだ自分に商品価値をつける前のこと。僕らは話し合って解散を決めたことがあります。

僕が30歳で岸が29歳、おそらく結成7、8年目くらい。同世代の芸人さんが続々とテレビに出はじめてバイトをやめていき、ライブシーンでは後輩芸人がブレイクしていく。いろんなカウントダウンが始まっているように、2人とも思っていたと思います。

お台場、湾岸スタジオでのオーディション寸前、稽古もせずに黙って座っていると、どちらからともなく言葉が出ていました。

「まあ…解散か…」

「そうだね…」

本当にこの2言だけを交わし、その場で事務所のマネージャーに連絡しました。

そして、おそらく無駄になるであろう1分ネタのオーディションに一応参加。解散を決めた2人のオーディションって複雑ですよね。2人ともほぼ声を張らずに終了。1人のスタッフさんだけが、すごく笑っていました。

そのまま2人で原付で渋谷まで行き、ライブに出演します。解散を決めた2人のライブ。もうウケようがスベろうが関係ないな～と思ってネタを披露するも、しっかりスベってしっかりショックでした（笑）。「なんだよ、気にしてんじゃねえよ！」と心の中で自分に悪態をつきつつ、1人500円のギャラをもらい、久我山に原付で戻ります。帰りにガソリンをいれたら550円で「赤字じゃねえか！　終わりだ終わり！」、そう口にして、風呂なしのボロアパートに帰りつきました。いろいろ嫌になっちゃって、コインシャワーを無駄に300円分使って30分、身体の隅の隅までしっかり洗っちゃったり。

そのまま不貞寝（ベストオブ不貞寝はあの日だと思います）すると、翌朝マネージャーから鬼電。

「昨日受けたオーディション受かっちゃったから、収録日来週。解散は1回なし！」

こう宣言された僕らは、オーディションで持って行ったネタを少し調整し、こんなこともあるんだな〜と思いつつ収録に向かいました。

その番組こそがフジテレビの人気ネタ番組「爆笑レッドカーペット」でした。番組がレギュラー化されて一か月後、多くの芸人さんに出演機会が増えたタイミングでたまたま僕らはオーディションに参加することができ、解散を決めた僕らが「もうネタ合わせをしないでできるネタ」としてオーディションで披露した、海外ドラマ「24」のパロディコントがたまたま合格したのです。たまたまが重なったとはいえ、「もう少しお笑いをやめなくていい」という太鼓判を押してもらえた感じがしました。これで将来が約束されたわけではありませんが、まさに延命できたなあという感想。

ちなみに、上記のオーディションで1人だけ笑っていたのはフジテレビの藪木健太郎さん。「24」の大ファンだったそう。のちに一緒に仕事をする関係になるのだけど、あのときもし藪木さんが僕らのネタで笑ってくれてなければ、とっくにお笑いはやめていたのかもしれません。

「お笑いやめなくてもいいんだ」という流れは加速。「レッドカーペット」の1回目の収録で、MCの今田耕司さんが笑ってくださって、2回目の収録がすぐに決まりました。

あれよあれよという間に番組の常連になり、番組初出演から4か月でアルバイトをやめて、「お笑いだけで生活する」という最低限の「お笑いやめなくてもいいですよ印鑑」を各所から手にすることができました。

ただ、僕にとってそれは「やめないでもいいんだ」でもあり「やめさせてもらえないのか」でもありました。才能がないのは変わらないんだから、放っておいてもらえたらやめれるんだけどな。なんて。

お笑い芸人は「好きだから続けていい職業」ではないと思っています。バイトをやめられたから続けていても良くなったけれど、「やめちゃえ」って言われたらやめていたような気もします。

まあそんな思いは今もあるかもしれませんが。

「アメトーーク！」には足を向けて寝られない

「レッドカーペット」に出たことがきっかけとなり、僕たちはショートネタブームに乗っていきました。当時は30組くらいが同時にプチブレイク（ほんとプチです）状態で、「レッドカーペット」から認知度が上がって、さまざまなショートネタ番組や、１００人くらいいる大型ひな壇、ロケ、トーク番組など、１周とまではいきませんでしたが、おそらくテレビ番組を半周ちょいくらいはさせていただきました。

まあ、とにかくきつかったです。

なぜきつかったのか？　まず、そのときにテレビで求められるテレビ的な芸人さんの素養も実力が全くないことに気が付いてしまったから。キラキラしたスタジオで、キラキラした芸能人の皆さんやスキルも人気もある芸人さんの前で、自意識も低い、自信もない、「じゃないほう芸人」が前に出る勇気も気迫も持てませんでした。

ある収録の時は、ずっと口を閉じていた関係で、急に話を振られた際に上唇と下唇がくっついてうまく話せなかったことがあります。しかもそれが面白く転がらず、テンポも悪くて、もう最悪。2～3時間の収録で、何もできないまま帰る日々。それが半年ほど続いたでしょうか。

ネタの実力と大きくはイコールだけど、全くのイコールではないところに「テレビで活躍する実力・素養」が別にしっかりあるんですよね。

特に僕らのようなコントを主軸にしている芸人は、ネタ番組以外のテレビ番組におけるトークやロケのスキルとはかなり遠いところで、お笑いの活動をしています（当時は特にもっと分断されていた印象）。もちろんコントでテレビに出はじめて、いきなりテレビに順応できる人もたくさんいますので一概には言えませんが。

自分にそれができるとはそもそも思ってもなかったですが、テレビの世界に少し足を突っ込んだところで、改めて自分でそれを痛感してしまいました。

その中で、僕にも対応できそうな仕事もいくつか来ました。**転機となったのは「アメトーーク！」の「じゃないほう芸人」「トイレの紙様芸人」です。**

お笑いブーム全盛ということもあり、「じゃないほう芸人」という影が薄い側にもスポットを当てていただける機会が多くありました。「アメトーーク！」はそのきっかけの一つ。

ロケで街に出た瞬間にカメラマンが僕を見失い、クイズ番組のテープチェンジ中、トイレに行って戻ったら1問終わっていたり、タレントさんから音声さんに間違えられてマイクを渡されたりするなんていうエピソードは、語りだしたら止まらないほど。そんな僕の素養を、トークに昇華して話す機会をいただける。そしてそれを笑ってもらえるなんて！

僕が出たのは「じゃないほう芸人」の2回目なので、「どのくらいの尺で話すとちょうど良いか」「どのテイストの話が放送に残るか」など、**1回目のオンエアを研究し、エピソードをまとめて収録に臨みました。**

自分でも不思議なのですが、あれだけ苦手意識のあったテレビ収録において、ここまで落ち着いてトークが披露できて、ここまで放送に乗るとは。「なるほど、自分が求められているものを準備できるときは、テレビでもなんとかなるんだな」、そう感じることができた最初の経験になりました。

芸人さんが１００人いるひな壇で、みんなのトークを遮って一言で爆笑を取るようなシチュエーションは苦手でした。そもそも割って入っていく勇気もセンスもありません。ただ、テーマに沿った自分の体験談やエピソードを適尺で話すことは違和感がなかったのです。向いてる向いてないなんてそんなものなのかもしれません。

テレビの収録はチームプレー。番組としてどうなったら面白いか？　そのときの出演者と企画内容は？　転がっていく方向はわかりませんが、やっていく中で「自分の役割」を見つけて準備しておくことが大事。「準備できること」があるのも、僕にとって一つの安心材料でもありました。**センスは積み上げてなんとかなるものではないけど、準備の時間は平等に与えられます。**

また、「自分が面白いと思われる」ことが軸にありすぎると、チームの方向とズレるときがあります。スポーツもそうですが、調和を乱しても結果を出せるプレーヤーはたくさんいるので、それはそれでいいとは思うのですが、どう考えても僕にはそのスタイルは向いていません。

放送では共演者や制作の皆さんのおかげでかなり手応えを感じることができました。準備したほぼ全てのエピソードがオンエアに乗り、「100人の一般人に『じゃないほう芸人』の写真を見せて、名前がわかるか」という調査においては、唯一、誰も名前が答えられないという「キングオブじゃないほう芸人」の称号をいただいたりもして。自分でいうのもあれですが、まさにあの収録は僕の回だったと思います。

収録後、マネージャーさんやスタッフさんに何度も声をかけていただき、「じゃないほう芸人」は大きく僕の名刺となりました。スタッフさんからの信頼を得たことで、「アメトーーク！」には他の回にもお声がけいただくチャンスもありました。

次に出たのは「トイレの紙様芸人」。僕が2006年から研究していた「トイレ」について発表する機会をいただきました。前回と同じ方法でトークをまとめ、スタジオで披露すると、「じゃないほう芸人」に続いて「トイレに詳しい芸人」という名刺をここで手にすることができました。

どちらも「しっかり結果を残そう」というよりは、「僕にベットしてくれたスタッフさんに喜んでもらいたい」「共演者や制作スタッフさんの笑いの構想にしっかり入って役に立ちたい」という思いが、僕を突き動かしていました。本当の「じゃないほう芸人」の僕を見つけてくれた人、僕がトイレに詳しいことを知っていて会議で僕を推薦してくれた人が絶対にいるはずだから。

今の自分の仕事で一番大事にしている「出演者（共演者）及び僕に声をかけてくれた人が喜んでくれる立ち回り」を、大きく意識することができるようになったのはこの番組の経験が大きいかもしれません。これは出演者としてだけではなく、放送作家として関わる番組においても全てそうです。

ということもあり「アメトーーク！」には頭が上がりません。僕が今、ギリギリテレビに出る仕事を続けていられるのは、「アメトーーク！」のおかげです。

テレビ以外で戦う決意

2009～2010年、まだ「レッドカーペット」の余韻でテレビ出演の仕事も少し残っている頃。「レッドカーペット」を皮きりに、さまざまなテレビに出させていただく機会が増え、一応芸人として生活も出来てはいましたが、僕は少しだけ垣間見たテレビの世界に疲弊していました。「自分の出来ること」でしかやれることはないなと実感するのと同時に、「M－1」準優勝を機にブレイクしたオードリー若林君がボロボロになっていく様子を目の当たりにして。僕は「自分に向いていることをやっていこう」と決意し、**少しだけ始めていた放送作家の仕事のアクセルを大きく踏み込んでいくことにしました。**

大勢のひな壇の仕事が本当にきつくて、これ以上は無理だと思った僕は、事務所に直談判をしにいきました。

「僕はテレビに出たくありません」

こう切りだすと、当時のマネージャーは「初めてのケースなので、一回考えさせてください」と。「僕は、なんでもかんでも出来る芸人さんとはタイプが違うので、何かについて調べて発表・プレゼンする企画やラジオはおそらく得意ですが、大勢の芸人さんの中では埋もれて疲弊して自信をなくして、時間が無駄になります。その時間は自分の勉強や放送作家の仕事を勉強したいので、そこに時間を割かせてください」と、ゆっくりしっかり説明しました。伝わっていなかったと思います。

そのマネージャーの価値観は、「芸人たるもの1秒でも多くテレビに映るべき」「芸人たるものみんなギラギラしててその野心がある人」だったので、僕みたいなタイプはカウンターで、わかりえない価値観だったんじゃないでしょうか。

相方の岸も、そこは全く理解できない感じだったように思います。ただ、岸は協調性もないけど人に理解はあるので「好きにしていい」というスタンスなのでそこは楽でした。

当時、うちの事務所はものまね芸人が多く所属していたので、「ものまね番組のオーディション」が多かったのですが、あるときからそのオーディションに行くのをやめました。ものまねは得意じゃないし、ここに向けて時間を費やすより、得意なことを磨くほうが賢明だと思ったから。時間は向いていることにかけるべきで、向いてないことに対する努力は大した結果をうまないのではないかと思ったんです。

もちろん「せっかくのオーディションに行かない」僕は、周りから変な目で見られたものですが、**自分の決断にはなぜか自信があったんですよね。**

僕にものまねの才能は1ミリもありません。この現実は早めに受け入れ、その間面白いものを作ったほうがいいし、トイレやラジオの研究を進めたほうがいいと僕は踏んだんです。

時間のかけ方としてどちらが正解だったか。この場合、僕の人生においてどちらが正解だったか。僕の今の仕事から振り返った場合、この時の決断は正しかったのでしょう。


そしてハマカーンの話を。

ほぼ同世代・同芸歴のハマカーンの2人とは、現在、定期的にライブを開催しています。僕らが事務所に入る前から、ハマカーンと僕らは同じ時期に同じようなライブに出て、同じ頃に少しだけテレビに出て、テレビにはじかれて、今まだこそこそとライブを開催している関係。僕ら4人がテレビで大活躍しているかというと、そうでもありません。原因はたくさんあるけど、やはり実力不足なんでしょう。でも、別にやめることはないんですよね、全員。僕もハマカーン浜谷（健司）もサッカーが好きなので、僕らはよくサッカーに例えるのですが、僕らは芸能界的にはJ1にはいません。カテゴリーはだいぶ下のリーグにいると思います。草サッカーならぬ「草芸能界」で「草芸能人」しているのかも。

ただ、**僕らは僕らで「存在していい」芸人です。**

「世の中の大多数の人が知っている人しか存在しちゃいけない世界」なんて恐ろしくないですか？　地方にいる、会社員をしながらインディーズミュージシャンをしている人の新譜がめちゃくちゃ良くて助けられたり、人知れず開店している町中華のチャーハンが美味しかったり。なんか、そんなことでいいんだと思うんです。

「しくじり先生」というテレビ番組で、ハマカーンの神田（伸一郎）君を取り扱う企画がありました。

浜谷とは「神田がＪ１の試合で棒立ちしていたところ、Ｊ１の名プレイヤーたちから鋭いクロスが入り、神田にぶち当たって点が入りまくった」という例えで何度も笑い合ったものです。もちろん神田君は手応えがないでしょうし、何ならボールのスピードが強くて頭が痛いですよね（笑）。

これって、僕らは共感出来るけど世間的には、「おいしかったからいいじゃないか」「笑いがとれたからいいじゃないか」と思われて終わることではあるのですが、当人からするとそんなことで片付けられない何かだったのではないかなと。僕はそう感じています。

これを共感できるのも、同じような経験を僕らがしてきたからなんじゃないかな、少なからず。どっちも正しい。どっちも面白い。

若林正恭という人

僕の仕事の立ち振る舞いに大きく影響を与えたのは、間違いなく若林君でしょう。仲良くなったのは2005年12月、僕がケイダッシュステージに入った直後です。

ある日のネタ見せで、根が暗い僕は会場となっていた稽古場の雰囲気になじめず、稽古場の外、薄暗い灯下で本を読んでいました。そこに「何読んでるの?」と、すごい勢いで話しかけにきてくれたのが若林君でした。話をしてみると家が近所だとわかり、その日のうちに若林君は家に遊びに来ることになりました。それ以来、週8、9は一緒にいたと思います(週に2回は1回帰ってまた来た)。

友達もいない、感覚的に共感できる人がいない、恋人もいない。

「おかしいな」と感じることが同じ。

仲良くなったのはそんなことがきっかけだった気がしますが、そこから年齢や状況は変われど、今も当時とほぼ同じような話を同じようなテンションでし続けています。

その頃、一緒に何をしていたのかとよく聞かれますが、ずっと話していました。とにかく話していました。歩きながら話したり、高井戸温泉の風呂に入りながら話したり、真っ暗な部屋で雑魚寝しながら話したり。

週8で会っていた人とずっと話してた数年間って、そりゃあ濃密な関係になりますよね(笑)。それだけ一緒にいたら。**みんなが家族や仲間や友人や恋人と遊んでる間、僕らはたくさんのことを話していました。**

テレビに出ていなかった頃は、彼も相当フラストレーションが溜まっていて、久我山の商店街で「車に轢かれて、死んでテレビに出てやる!」って叫んで道路に寝っ転がっていたこともあったりね(笑)。全く車が来ないT字路の奥のほうだったので、轢かれることはないんですけど…。やっぱり、評価がついてくるまでは苦しそうだった。あれだけの天才でもそうなんだし、なんなら今も別のところでずっと悩んで何かを作っている。すごいことだけど。とにかくまあ健康でいてくれと思うばかりですが。

若林君が「お笑いをやめる」と言い捨てて、僕の家を飛び出したこともありました。

僕はすぐ若林君の家に向かい、「お笑いをやめないでほしい」と殴り書きした手紙とジュースを玄関の前に置きました。おじさんが泣いて帰って、おじさんがおじさんに殴り書きの手紙を書いて置いて帰って…何してんだって話ですけども。今考えたら別に本気でそんなこと言ってなかったんだろうけど（笑）。

　そんな若林君のトークは当時から面白くて、僕はラジオの世界に憧れてこの世界に入ったこともあり、２人で「佐藤と若林の３６００」というポッドキャストを始めました。

　僕は将来的にラジオの仕事をしようと思って芸人になっていたので、とにかくラジオに憧れがあったのと、若林君のトークが当時からまあ面白かったので、２人の雑談をもう配信したほうがいいなと思ったりもして。さらに、当時ラジオ界に急遽「ポッドキャスト」なるものが出現した直後で、自分らで勝手に配信できると知りいろいろなタイミングが重なったのだと思います。

「佐藤と若林の〜」と銘打ってるものの、僕の中だけの体感として、

「これは伊集院さんと作家の渡辺雅史さんのような関係も素敵だな」

「『放送室』における松本（人志）さんと高須（光聖）さんみたいなことになるといいな」

　そんなことを感じながら、数人しか聞いていないような３６００秒（１時間）のトークをネットに垂れ流しておりました（のちに「オードリーのオールナイトニッポン」が始まって僕が作家になったり、２０２２年、Amazon のオーディブルで「佐藤と若林の３６００」が改めてスタートしたり。このときから考えるとすごく不思議なことです）。

私生活でも仕事でも長い時間一緒に過ごしている中で、今の僕の仕事の方向性を決める、僕の特性をよく見抜いた一言を、若林君から出会った当初に言われた記憶があります。それは、僕が放送作家として活動を始めるだいぶ前のこと。今の僕のテレビ出演におけるスタンスが明確になった、ぱっと開けた瞬間がありました。

２００６年、テレビ朝日の「虎の門」という深夜番組で、ネタコーナーの優勝特典として井筒和幸監督の映画評論コーナーに呼んでもらったとき、映画「硫黄島からの手紙」の感想を生放送で語るコーナーを任されました。

僕は精一杯、淡々とその映画の魅力と映画館の様子、来場者の世代感などを適尺で伝えました。生放送のムーブとしてはスタッフさんからも評判は上々で、「わかりやすく、無駄な尺もないコメントができたかな？」くらいでおりました。

生放送終わり、深夜に家に来た若林君が開口一番こう言ったんです。

「異常だった、異常で最高だった。芸人が普通に映画の感想をしゃべって、あそこまで違和感がないのはすごい」

確かに芸人としてコメントを求められた場合、どこかにボケの要素やオチのコメントを入れ込むものですが、僕はただただ情報を適尺で話して放送を終えてるんです。しかも、誰の違和感もなく。

あれから10年、テレビの世界にもうまくはまることができなかった僕は、「正しい情報を適尺で言う」という仕事を多く請け負っています。趣味であるトイレの研究や掃除の豆知識を披露し、評価していただくことになるわけです。

最初にそこを見抜いて伝えてくれたのは、若林君でした。**この放送を見た若林君の感想こそ、僕の今のテレビにおけるスタンスを作ったと言っても過言ではありません。**

言われるまでは全く自覚がなかったし、当時は今よりもずっと自分のことをよくわかってなかったので、「そんなもんなのか」くらいだったと思います。ですが、十数年の時を経て、その言葉を体感するような仕事が舞い込むことになっていった。自分のスペシャリティになりそうなことを気づかせてもらった原体験であると思います。

若林君は人をよく見ているので、そういった意味でのスーパープロデューサーなんですよね。春日をあんなふうに仕上げたのが一つの実証で、おわかりいただけると思いますが。

オードリーは「M－1グランプリ」を機に大ブレイクします。ずっと面白かった人がしっかりテレビに出て、大活躍する様子を間近で見させてもらいました。テレビに出ることでこれまでの鬱屈した日々が解消すると思いきや、忙しくなって寝られずに収録、ロケ、収録、ネタ作り、ネタ披露、収録と休みなく働き、どんどん疲弊していく彼の姿を見て、「やだ!! 絶対絶対僕は売れたくない!! こんな生活僕には才能的にも体力的にも無理だ」そんなふうに心から思ったのもいい思い出で(笑)。

僕がトイレが好きなことを一番最初に面白がってくれたのは若林君です。「サトミツはちゃんと好きなことを言語化して伝えるのが上手いから、トイレのことも早めに勉強して、整理しておいたほうがいい」とずっと言ってくれていました。

そのアドバイスを元に、2006年、最初の1人トークライブを開催したところからの「アメトーーク!」出演に至ります。**ラジオも音楽も、好きなものに対してアクセルを踏んで勉強したのは若林君の助言があったからでしょう。**

若林君とは、よく旅行にも行きました。最初の頃は、年に1回沖縄に行っていたけど、旅行に慣れてないから、国際通りで喫茶店に入ってずっと雑談していました。石垣島も、韓国も行ったなあ。サイパンも行ったか。旅行中もまあ話してましたね。

環境は変わりましたが、今も喫茶店で、ファミレスで、している話は出会った当時とさほど変わりないというか。お互い、結構なところまでやってきたもんだね。

若林君との思い出は数限りないので、一旦このあたりで。

春日と僕

春日は友達が少ないです。彼との出会いも僕が事務所に入ったとき。おそらく春日からしたら最初は「若林君の友達」みたいな印象だったんじゃないかな。僕自身も若林君以外には話す人がほぼいないので、自然に春日とも話すようになりました。

「レッドカーペット」のブームが終わった頃、僕の収入が明らかにぐんとさがって生活が厳しくなったという話を雑談レベルで春日にしたところ、春日から連絡がありました。

「うちのポストにおまんじゅうが入っているので、それを食べて元気だしてほしい」

原付で春日の家に向かい、ポストをあけると、「おまんじゅう」と書いた封筒に10万円が入っていました。おそらく僕の生活が危ないのではないかと不安になり、このようなことをしてくれたのだと思います。そういう、優しい一面があるんですよね。

のちに、10万円を返そうとしたときには、「あげたのは現金じゃなくておまんじゅうだったはずだ」と受け取ってくれなかったところにも優しさが溢れている気がします（押し問答の末、ちゃんと返しました）。

そして春日の奥さん、クミさんは元々僕の友人です。2人が付き合いはじめてからは、うちの家族と一緒に結婚前の春日と久美さんとみんなで旅行に行ったりもしました。

10年くらいそんな関係性なので、深いようで浅いし、浅いようで深い。人生についてとか仕事についてとか、特段深い話は全くしません。

2009年頃から、毎年2月に春日と僕の誕生日会を開催しています。

始まりは、番組終わりでご飯を食べに行った日に、店主の方が僕らが2月生まれだとご存じ、サプライズでケーキを出してくれたこと。「おじさん2人が誕生日にケーキ囲んで誕生日会」というなんともいえない気味の悪さに（いや、全然やってたっていいんですけど）、これは毎年続けて写真を毎年撮るべきであるという決意の元、阿佐ヶ谷にあったその店が閉店するまで続けました。

仕事においては、結構濃密に絡んでいくことになりますが、それは追々。

結局はまあ、春日との会話は「1ミリも脳みそを使わずに会話をする」ことがテーマです。「ごんすな〜」とか言ってたらそれでいいわけで。クラスのつまらないやつ同士の「共通言語」で会話するみたいなもん。頭使いたくないんですよね。

オードリーの稽古

いつからかオードリーのネタ作りにお邪魔しています。2006年くらい、若林君と仲良くなった直後からもうずっとかな。「M－1」の前からではあるんだけど、あの頃若林君とはほぼ毎日一緒にいて、「若林君のネタ作り」の時間に、雑談相手としてファミレスや喫茶店に呼ばれたことがきっかけだったのではないかなと思います。

基本的にはネタは若林君が1人で作るわけですが、雑談の中で思いつくこともあるようで、作業に煮詰まった際などに呼ばれる印象。別に僕が何かアドバイスを言うわけでもなくて、ひたすら相槌を打って帰ることもあるし、2人で黙ってそのまま帰ることもあります。仕事とプライベートの狭間で雑談してるかと思ったら、急に仕事の話になったりまた戻ったり。**15年以上経った今も、若林君のネタ作りにときどき呼ばれては、ひたすら相槌を打ち、ネタ合わせでは1人でオードリーの漫才を堪能して、ただ笑っています。**若林君と稽古するときは春日役、春日と稽古するときは若林君役を演じていて、どういう立ち位置かはもうよくわからないですけど、お声がかかるのはありがたいことです。

一度、僕がネタ合わせの稽古の時間に遅れてしまったことがありました。急いで稽古場に入ったところ、真っ暗な中で２人が静かに佇んでいて（笑）。何かの弾みで蛍光灯が割れたのに、お互い全くノーリアクションだったみたいな話だった気がするけど。

オードリーファンの皆さんに安心してほしいのは、別に彼らは仲が悪いとかそんなことはないです。ずっと一緒にいる関係なんてそんなものなんじゃないですか？

よく、オードリーが出演している全番組に僕が作家で入っていると思われがちなのですが、全くそんなことはないです。オードリーの番組で僕が関わっているのは、「オードリーのオールナイトニッポン」と「ＮＦＬ倶楽部」の２つ（たまに特番とかも）。オードリー側から佐藤を使ってほしいと懇願されたことは一度もなく、スタッフさんからの依頼を受けて参加しています。「あちこちオードリー」も「バチくるオードリー」も僕は全く関係ないです。要は「それぞれちゃんと活躍した上で合流してできる作品」が望ましいわけで、べったりくっついて回っていると思われるのは健康的ではないよね、というのが僕らのスタンス。

ただ、ネタ作りにおいては稽古から本番からお邪魔しているので、そういう意味ではとっても近いところにはいると思います。この前なんて「春日がゆっくり歩いてくるところの稽古」を春日と２人でやったりもしてね（笑）。

大喜利が大好きなわけ

　というわけで、事務所に所属してからオードリーをはじめ、事務所の面々とさまざまな時間を共有することになりますが特に印象的だった一幕。

　突然ですが、僕は大喜利が好きです。

なぜ大喜利が好きなのか？　それは「自分の面白いと思うことをさらけだし、相手の面白いと思うものを知ることができる」からだと思います。

　お笑いは人によって感覚が違うもの。「その人が何を面白いと思っているか」は、ネタや立ち振る舞いよりも、大喜利のほうがダイレクトに知ることができる。だから好きなのだと。

　自己紹介が苦手な僕にとって、数少ない「無理なくできる自己主張」であります。極論を言うと、大喜利に関してはウケてもすべってもどっちでもいい（もちろんウケたほうが絶対にいいし、ウケるべく答えを出すわけですが）。

大喜利との最初の出会いはダウンタウンさんです。象徴的に覚えているのは、僕が高校1年生の時に放送されていた「ダウンタウン汁」という深夜番組の大喜利コーナー。お題に対して、皆さんが自分の個性に見合った答えを繰り出すわくわく感。ビデオテープにとって何度も見返しました。「ダウンタウン汁」の翌日には、高校にいる数少ないお笑い仲間と同じお題で大喜利をやってみたり。

お笑い芸人になってからも、大喜利に関してはネタと同じくらい自分の中で思うところがずっとあり「いつか大喜利でちゃんと結果を出せたらいいな…」という小さな野心も持っていました。

2008年、「爆笑レッドカーペット」の出演によって少しだけライブシーンにも名前が知られた頃、1人で大喜利のライブを開催していました。それは「大喜利が好きな芸人」という主張であると同時に、「大喜利を訓練する場所を作る」作業でもありました。

2010年、僕にとって一つの転機になったのが、「D関無双」という大喜利好きにとって憧れの舞台である「ダイナマイト関西」の若手版のイベントに声をかけていただいたことでした。

高校時代に大喜利を好きになってから、芸人になって大喜利で勝負してみたいという想いが強くなり、1人で大喜利ライブを開催。そして、ついに憧れの舞台に立つことになったのです。

結果から言うと、当日は吉本以外の数少ない出演者である僕が優勝を飾りました。ああ、そこそこ通用するもんなのだな、やってきてよかったと安堵したのを覚えています。思ったより反響も大きかった。「地味で暗いだけと思っていたあいつが、そこそこ大喜利できるんだ」という認知が広がった瞬間でもありました。

約半年後、2011年5月5日「ダイナマイト関西GW」という本戦にも呼んでいただきました。1人の「じゃないほう芸人の何者でもない僕」からすると、異様なオファー。メンバーを見てもらえると、僕が言っている意味がよくわかるでしょう。

出演：スリムクラブ／キャプテン渡辺／ジャルジャル／つんく♂／博多華丸・大吉／山内圭哉（Piper）／南海キャンディーズ・山里／麒麟・川島／どきどきキャンプ佐藤／サバンナ・高橋／レイザーラモンRG／ほか

司会：浅越ゴエ（ザ・プラン9）

「D関無双」でまさに「無双」だった僕は、少しの自信を手に会場のある品川に向かいました。

一回戦の相手は博多大吉さん。対戦はもうそれはそれは大人と子どもの対戦くらい圧倒されて終わりました。ギリギリ1ポイント取ったかどうか…。大喜利職人の丁寧なワードと所作に完敗でした。

大吉さんは僕を倒したあと、そのままの勢いで他を圧倒し、優勝されました。大喜利前後のトークも含め面白の塊!!!　一気に引き込まれたのを覚えています。もう一度、一から大喜利を学ばないといけないと、そう心から思いました。僕は**「頭の中の自己紹介」という認識から、競技としての大喜利に夢中になっていきました。**

この「ダイナマイト関西GW」の数か月後、別現場で大吉さんとご一緒した際、大吉さんが「佐藤君、ちょっとそのあたりまで歩いて行こう」と声をかけてくださり、少し2人で散歩をしました。

大吉さんは、とても優しい口調で「佐藤君の大喜利力は間違いないから、あとは場数」「大喜利好きなんだろうけど、好きなことはそんなにすぐうまくいかないほうがいい」という話を伝えてくださいました。この恩返しは必ず舞台上で。僕はそう心に誓いました。以降、「ダイナマイト関西ヤングマスター」大会の準決勝で、バイきんぐ小峠さんとの死闘を繰り広げたり（延長で負けましたが）、僕は「ダイナマイト関西」の大喜利にどっぷり夢中になっていきます。

1人トーク＆大喜利ライブもペースをあげ、競技大喜利の筋トレをしまくる日々。その数年後、バッファロー吾郎A先生からご連絡をいただき、「ダイナマイト関西事務所対抗団体戦」のオファーをいただくのです。

我らがケイダッシュステージ軍は、若林、春日、ハマカーンの神田、浜谷、そして僕の5人を中心に相方の岸やマスオチョップ松本など超少数精鋭。若林、春日のスケジュールが見えないことから、僕はキャプテンに任命され、事務所を背負う形でダイナマイト関西の舞台に挑戦することになりました。

1回戦で浅井企画に勝利し、準決勝では人力舎に勝利。我々はギリギリのところで駒を進めていきました。

個人として気負いすぎた僕は、1回戦、準決勝とほぼポイントを取れず決勝を迎えます。キャプテンとしてみんなに申し訳ないな…と思いながら入った決勝で、出番前に若林君からそっとアドバイスをもらいました。

「サトミツ、答えはいつも通りでいいんだけど、1回戦も準決勝も気負いすぎて、フリップ出すテンポがいつものサトミツより半拍早いから。ゆっくり出せばたぶん勝てるよ」

こんな冷静で具体的なアドバイスはなかなか聞けるものではありません。

決勝で我々ケイダッシュステージ軍を迎え撃つのは、吉本20世紀軍（20世紀によしもとに所属したタレントによるチーム）。博多大吉さん、笑い飯・西田さん、次長課長・井上さん、ケンドーコバヤシさん、お〜い！久馬さんなど、そうそうたるメンバーです。対して我々ケイダッシュ軍は超小規模。事務所の人数も圧倒的に少ない中、なんとか集まったほぼ同期のこの5人。

相手勢には博多大吉さんが。「数年前の大吉さんへのリベンジを果たす機会になるか？」という興奮と、「テレビのひな壇での活躍は難しいけど、大喜利ライブならなんとか戦えるかもしれない」という自尊心のような何かを胸に、競技としてお笑いの舞台で戦える唯一の機会に臨んだのです。

「D関無双」「ヤングマスター」以来、なかなか結果の出せていない僕は、先鋒の浜谷に続き、次鋒として舞台に上がりました。相手は笑い飯の西田さんです。僕みたいな芸人が西田さんと「お笑い」の「ストロングスタイル」の「大喜利」で勝負をする機会は、今後一生ありえないと思います。

僕は若林君からのアドバイス通り、少しフリップの出すテンポを緩め、その分、解答の数を増やして見事に西田さんに勝ち切りました。

僕が笑い飯・西田さんに「お笑い」の勝負で勝てる可能性があるのが大喜利の魅力でもあります。あの日の大喜利を超えるのは難しいでしょうね。まあ出来がよかった。

神田、春日、とそれぞれ熾烈な戦いを繰り広げ、いよいよ大将2人の戦い。「大吉VS若林」の一戦です。

僕は大吉さんとは直接対決はできませんでしたが、勝手に数年前のリベンジを、この団体戦でできる気がしていたのです。僕の数年間も、勝手ながら若林君の大喜利にかけてみる。そんな想いで見守った決勝。

若林君は大吉さんを倒し、僕らは見事優勝したのでした！

超弱小事務所で、あんなスター軍団に勝つことはなかなかないでしょう。なんとなくこの優勝において、僕の中での「競技大喜利」の大きな節目を迎えることになりました。

そして翌年から僕は、「ダイナマイト関西」に構成作家として入ることになります。これはこれで、嬉しい、素敵なオファーとなりました。

あの日は、仲間と楽しめる競技としての大喜利、最高の夜となりました。競技大喜利としてのピークは間違いなくあそこだったでしょう。

この時期、大喜利をしまくった経験は今の仕事にもダイレクトに生きています。「ヒルナンデス！」でコーナー名を考えるときや、「スッキリ」でタレントさんを呼び込むキャッチなど、全ては大喜利なのです。

放送作家は無数にいますが、「コアなお笑いファン1000人弱の前で、笑い飯・西田さんと大喜利して勝ち切った」経験のある放送作家は、おそらくこの世に僕くらいなのでしょうから。

芸人の才

さまざまなジャンルのテレビに万能に対応し活躍する芸人さんは、とてもレベルが高い技術を持っています。テレビの技術論を語るのは野暮なのであまり細かくは書きませんが、収録は現場のチームワークで行うものであり、視聴者さんに向けたものでもあります。決してエゴでできる世界ではないので、間の取り方、コメントの尺と内容、話の広げ方など、出演者は多くのものを要求されます。それをセンスでできる人もいますし、そうじゃない人もいますし、周りが扱い方を見つけて面白くなる人もいます。

彼らのように万能的な才能がない僕には、フリーテーマのトークもロケも食レポも海外ロケも商店街ロケもひな壇も、全部向いていませんでした。性格的にも向いていませんでした。これは揺るぎのない事実です。自虐でもなんでもなく、現実。

数限られた人に許された世界が芸能界なのでしょう。

そもそも僕は、「お笑い芸人を目指すしかないな」と消極的に、消去法で、芸人を目指した頃から、才能が自分にあるとは一度も思ったことがないので、こうなることはもう薄々どっかで気が付いていたんですよね。

しかし、先の「アメトーーク！」にもあったような「自分の得意分野において冷静にプレゼンをする」ことは得意だった。その能力を生かし、現在、僕はほぼほぼ何かの専門家としてテレビに出演しています。その際、求められるのは適尺で語る有益な情報です。**どのような意図でキャスティングされ、何が必要なのか？ そこを肌感ですぐ理解できる人はやはり強いと思っています。**僕には情報を語ることにおいては、それなりの需要がまだあります。「有吉ゼミ」の共演者の皆さんや優秀なスタッフさんに支えられ、ゴールデンで情報を語らせていただくなんて経験も、何年もやらせてもらってます。

これはひとえに運の良さに尽きるのですが、運の良さも含めて実力だと言われたらそうなんでしょうか。

こんな僕でもテレビで活躍できる細い線はあった。知っていることを順序立てて説得力を持って話すのは得意です。ラジオが好きだったこともあり、1人しゃべりはそこそこできたのかもしれません。

小1でサッカーを始め、2年、3年と続けていく中で、後から習い始めた人に続々とレギュラーを取られていった経験を通して、世の中には「向いてること」「向いてないこと」があることを実感していました。何事も結果を出すには努力や鍛練が必要なことは間違いないですが、同じ努力をしても結果が出る人と出ない人がいます。

どうして誰も教えてくれないのだろう。

大人はみんな「頑張れば夢が叶う」とか「努力は裏切らない」とか言うけれど、それは条件付きじゃないですか。誰も教えてくれなかったけど、現実はそんなもの。

でも、その人の素養が生かせるジャンルは必ずある。そこにいつたどり着けるのか？早めにたどりついたらいいというものではなく、回り道をたくさんたくさんして、一見無駄だと思えるその時間が、オセロが一斉に黒から白に変わるように、無駄ではなく急に意味のある時間になったりするので、不思議だなと思います。

2010年頃、放送作家として活動を始め、しっかり1から勉強を始めたわけですが、そこから仕事が自然に増えていき、現在担当レギュラー番組が週19本を超えたことを考えると、やはり向いていたんだと思います。芸人よりは向いていたんでしょう。

先日、いきものがかりの水野良樹さんと話す中で「芸人としてもがいた数年間の経験値って、実は他の人にはなかなか経験できないことで、それによって今の（作家の）仕事のスキルになってるとしたらすごいことではないですか？」という事実に気づかされました。同じような経験をした水野さんだからこそ、そう声をかけてくれたのかもしれません。

僕の経験だけで言うと、人は必ず「自分の向いている仕事」「環境」「縁のある場所」にたどり着くと思います。

自分の向き不向きなんて、自分でわかるまでには時間がかかるものですが、周りの人はよくそこが見えていて、僕に合った仕事がどんどん残っていく。逆に言うと向いてない仕事は減っていくので、僕に何が向いているかは、今の仕事を羅列するとよく見えてくるなと自分でも思います。

必要なさまざまなことを諦めて、自分のポジションを見つけた芸能生活。何かに特化する時点で、ど真ん中ではないという白旗をあげたことにもなるという自覚はあります。ということは、向いていることへ突き進む覚悟とある種の諦めは、同時に存在しているのかもしれません。

Special Talk

特別対談

02

オードリーの間を行き来共に歩んだ20年の歴史

・

オードリー

春日俊彰

春日 こうやってね、お話するのはなかなかないね。

佐藤 そうだよね。意外にも。

春日 我々が出会ったのは2005年?

佐藤 それぐらいじゃないかな。

春日 20年近く前よ。恐ろしいね。それにしても、サトウミツはオードリーちゃんの間を行き来する珍しい人間だよね。いろんなコンビを見てもさ、仲良くするのって大概どっちかとじゃない。

佐藤 うん。確かに。

春日 ホットドッグで言ったらソーセージみたいな。上手いこと言うね!

佐藤 全く上手くないよ(笑)。

春日 ソーセージ人間!

佐藤 オードリーという〝バンズ〟に挟まってるってこと?

春日 そうね。そうなってくるとメインになっちゃうね(笑)。

佐藤 じゃあ違うじゃねえかよ(笑)。

春日 とにかく間にいるってことをね、何とか例えたかったんだよね。

佐藤 上手くはいかなかったけど、言わんとしていることはわからなくもないよ。もちろん春日に助けてもらった歴史もたくさんあるし…。

春日 そうだろうね。

佐藤 いやまあ、そう!? (笑)

春日 それを「いやいやそんなことないよ」っていう仲ではないから。

佐藤 (笑)。そうね。

春日 それはもうお互い様よ。

佐藤 確かにね。そりゃそうか。

春日 やっぱね、振り返ると、サトウミツがいたから回ったみたいなことはいろいろあるしね。クミさんとのご結婚が成立したっていうさ。

佐藤 「モニタリング」ね。今だから言えるけど、あれは本当に大変だったね。

春日 だから(モニタリングスタッフや事務所に)言ったんですけどね。「サポートでサトウミツを入れてくれないとこれは回らないです」

と。

佐藤　（笑）。俺は同時にさ、オードリーの武道館のサプライズも関わっててさ。そっちはそっちで春日にサプライズだったじゃない。

春日　クミさんがいらっしゃるっていうドッキリのやつね。

佐藤　そうそう。あの頃2本同時にサプライズが走っていて、ここは春日が知ってるけどこっちは知らないとか、両方を全部把握してるのはあの瞬間俺しかいなかったのよ。どこまで誰が知ってるかわからないから、誰にも相談できなくて。吐きそうだった。

春日　サトウミツはオードリーちゃんの周りでそういう動き方をずっとしてるよね。

佐藤　秘密裏に進める企画とか、デリケートな案件とかね。

春日　私も若林さんもさ、友人があんまりいないから。暴露系のやつも大概サトウミツだもんね。

佐藤　またお前かよ！　みたいな（笑）。

春日　そう。でしゃばりみたいなさ（笑）。でも、他に親しい人もいないから、どうしたってサトウミツの負担がでかくなるんだよね。

佐藤　ありがたい話ですけどね。

春日　いやいやいや。とんでもない。ありがたいのはこちらですよ。サトウミツにはね、今後気をつけてもらわないと。

佐藤　何を？

春日　我々オードリーの活躍を亡き者にしようとする芸人が、未来からやって来るかもしれない。

佐藤　怖いね。簡単にやられるから

ね俺。

春日 **サトウミツがいなかったら今のオードリーはいないだろうし。**

佐藤 だとしたらもうちょい前に殺すだろ、俺のこと（笑）。出会う前とかに。

春日 今からでも可能性があるから。気をつけてもらいたいなって。

佐藤 まぁ…でもそうだね。オードリーが劇場で初めてのトークライブをやって、受付と音響と照明を全部俺がやっていたところから、武道館まで連れてってもらった感じもあるし。その楽しさをあの規模で味わえたのはやっぱり非常に感謝。

春日 まだまだいろんな景色を見せてやんなきゃダメだね。サトウミツには。

佐藤 想像だにしないことが確かにいろいろ起きたから。本を書いて思ったのが、春日とも若林君とも、節目節目でいろいろな思い出を共有させてもらっているけど、春日との思い出は世に出てないことが多くて。それは春日が自分で喋らないからなんだなと思った。秘密主義じゃん。多くは語らないというか。

春日 はいはいはい。だから、サトウミツにはしっかり伝えていってもらわないと。

佐藤 あー、春日の？ 春日伝説の？

春日 そうだね。うん。語り部として伝えてもらわないとね、後世に。

佐藤 今回、本にも少しだけ書きましたよ。みんな春日のこと興味あるかわからないけど（笑）。

佐藤満春の人間力と変態性いろんな現場で重宝される〝熱〟

春日　本当にサトウミツは、他にいないタイプだよね。まあでもサトウミツの人間力っていうところで、いろんな現場で重宝されてんだろうなと思う。オードリーちゃんのネタ合わせも、お互いサトウミツとやるしね。

佐藤　そうだね。

春日　ライブ前とかね。何時から春日で何時から若林さんみたいな。

佐藤　そうね。

春日　それも佐藤満春という人間力を各現場で発揮しているというか、そこにいる人たちが感じて、いろんなことができてるんじゃないかなって思うよね。あとはやっぱり熱心なんだろうな。熱がいろんなものにあって、それがちゃんと伝わっていて。掃除にしてもお笑いに関してもそう。演技の教室にも行ってとかさ。

佐藤　ワークショップね。

春日　当時、何それって（笑）。コントだから必要だと。そんなの、芸人で聞いたことない。

佐藤　そうだよね。

春日　自分がやりたいこと、自分に必要なものをちゃんとわかっていた。町田に住んで、毎日早朝から「スッキリ」に通っているのも信じられないよね、ちょっとおかしいよね。

佐藤　おかしくはない（笑）。

春日　だって冬とか地獄じゃないですか。真っ暗だし。

佐藤　そうよ。めっちゃ寒いから。

春日　それ毎日だよね、月から金。

佐藤　もちろんそうよ。

春日　だから変態なんです。

佐藤　春日に言われたくない（笑）。

春日　その変態性がいろんなところで重宝されてるんじゃないかな。

佐藤　変態だとは思わないけど、やりたいことに対してこつこつやってきたことで、それこそ春日とかにもお世話になりながらステップアップ出来たっていうのは、人との関わりも含めて本当に俺が今までやってきた積み上げなんだなっていうのは思うかな。

春日　ここは家族ぐるみの付き合いもしてきたしね。

佐藤　春日が結婚する前から、みんなで遊びに行ったりしてたもんね。

春日　日帰り温泉とかね。誕生日も一緒に祝ったりね。

佐藤　俺と春日の誕生日が2月で一緒でね。それももう12年ぐらいやってたかな。毎年阿佐ヶ谷の「はやしや」っていう店で。店長が毎回写真を撮って印刷してくれるんだよね。

春日　むつみ荘に全部飾ってたもんな。同じ服の時もあって、「まだこのパーカー着てんのか！　同じじゃねえか3年前と！」って（笑）。

佐藤　（笑）。その店もなくなっちゃったからね。店長もどこで何してるのか。

春日　本出すんだったら店長と対談してもらいたかったぐらい。

佐藤　いやいやいや（笑）。店長とは喋ることあんまりないよ。

春日　いやあるでしょ。店長、この本を読んでくれたりしないかな。

佐藤　ああ。本が手元に来たらぜひ連絡欲しいよね。

春日　ですね。

佐藤　まあともあれ引き続きよろしくお願いしますね。

春日　うぃ。

失礼な話ではあるけど
想像以上に
この対談に向けて
読者を意識した
春日でいてくれて
驚き、嬉しくもありました。
頼もしい男です

Special Talk

特別対談

03

週4×8年間を共有した山里が見抜いたサトミツの才能

・

南海キャンディーズ

山里亮太

佐藤　山里さんとは週4で朝ご一緒するという生活を…。

山里　そうねー。月曜から木曜まで俺が天の声で見守りに来て。でもあと1か月で終わるかー。どうしようかな。

佐藤　ははははは（笑）。

山里　サトミツ君が天の声というか「スッキリ」の作家さんで入ったのは何年ぐらい前？

佐藤　2012年に「スッキリ」に作家として入って、2年間、8時台のニュースと情報を担当しました。そこから「クイズッス」に関わって8年ですね。8年間、山里さんと週4で会う生活をしていたのに、その場所がなくなるっていうのはすごい不思議な感じです。

山里　そうねー。サトミツ君が投入されたのは多分、俺が1番調子に乗ってる時期。

佐藤　調子には乗ってなかったですよ、少し怖かっただけです（笑）。

山里　サトミツ君は対象の相手がネガティブな話をしようとしていることに対して、「そんなにネガティブに捉えてるの、ご本人だけですよ。それってちょっと立ち位置変えてみるとものすごいポジティブなんですよ」のプロだよね。

佐藤　いやいや（笑）。

山里　「空気を読む」って、やりすぎちゃうと時としてネガティブに捉えられることもあるけど、**俺、空気を読むスペシャリストってめちゃくちゃすごいと思うのよ。それがサトミツ君だと思ってる。**

佐藤　あ～。

山里　「空気を読む」を極めていくと、多分どの才能よりも需要があって、どれよりも輝く才能になると思ってるの。一時期、サトミツ君に気付かれないように試した時期があるんだ。サトミツ君って、人の表情と声のトーンを見て、ネガティブに喋ろうとしてるのか、ポジティブに喋ろうとしてるのか察知する能力が高いのよ。

佐藤　無意識です。

山里　ナチュラルボーンだ。天才じゃんね、それ。

「この人の話の先はこっちだ」っていうのを読んで、話を展開できる能力。「多分この人の方向はこれだな。じゃあ自分が思ったことでもこの言葉は飲み込みますよ」と。これを人は「自分を殺してる」とかネガに言うこともあるけど、そうじゃなくてコントロールしてると思うと、全人類で誰よりもすごい能力だって思うね。

佐藤　なるほど。自分で自分のことはよくわからないので、さすがの分析力だなと思って聞いていました。自分を殺すという意味合いで思い当たるのが、僕、どんな番組でも、自分のエゴになってしまうような面白さを出さないようにしているんですよね。その番組の企画において、出演者の人が面白くなったり、視聴者の方がシンプルに面白いと思えることを優先して企画を出しているんです。

山里　それが嫌になっちゃう時ってあるじゃん？　芸人やってると。

佐藤　はい。こだわりというか。

山里　化け物だらけでさ、周りが何言おうが笑い声が聞こえなかろうが、「俺はこれが面白いと思ってんだよ」って舞台に立つ人間のかっこ良さみたいなのはあるけど、そこと優劣で戦っちゃいけないんだなと思って。その人たちはある意味では自分を信じすぎてて我が強いと思われることもあるかもしれない。でもすごく魅力的にも見える。

佐藤　そうですね、どちらが正解かわかりませんが、身の丈にあった戦い方をするしかないなと思ってます。もちろん、毎日毎日反省も多いです。

山里　反省も多い。誰か師匠が言ってたんだよな、「反省はいいけど、後悔はしちゃダメ」って。

佐藤　なるほど。

山里　その差ってなんなんだろうと思った時に、次の行動をスピーディーに取る方が反省だと思うんだよね。後悔は次の対策をずっと練らないのよ。で、後悔に使ってる時間を仕事しているって錯覚起こすから。でも、違いがその一点だったら、「じゃあ展開と対策を考えれば、いくらうじうじしようが、一気に“反省”へとポジに変えられる」と思って、俺は気を付けてる。多分、サトミツ君は、ネガティブを成長の根本である反省に変換するまでがすごいのか。

佐藤　はあー、なるほど。

山里　そのサトミツ君の考え方を、この本の中で学べるんじゃないかなと思う。

佐藤　ああ…嬉しいっすね。

手柄は全て演者のもの責任を担うことと引き換えに

佐藤　2013年頃、吉本の養成所のイベントで山里さんが「どういう人が構成作家としていると助かるのか？」という質問を受けて、僕の名前を出してくれたんですよ。で、それがネット記事になって、いろんなスタッフさんの目に入るわけですよ。あれは仕事が増えるきっかけになった一つですね。

山里　本当に自分が欲しい能力の象徴として〝サトミツ〟と答えてたと思う。自分の出したアイデアを磨き上げてくれるとか、自信がない時こそ、それが一番いい形になるものはこうだよっていう提案をたくさん出してくれるとか。でも最後は「とはいえ、これってあなたが出したアイデアが元で思いついたんです」っていう手柄を全部こっちにくれるっていう。それって、演者としては一番嬉しいんだよね。こんなに手柄全部くれるんだっていう。僕ら出役の人間は、多分、本当に人の手柄を全部、最後に総取りしてく仕事なんで。

佐藤　まあ演者さんが全部背負いますからね、大変なことも。

山里　そうね、背負うけどね。もらうものももらうからね、絶対。

佐藤　確かに。そう言っていただいたように、僕が作家として気を付けてるのが、まさにその手柄を取らないっていうことで。そこをわかっていただいてたのは、やっぱめちゃくちゃ嬉しいですね。

山里　いや、そうよ。本当に。そういう「全部俺が考えました」みたいになったら終わりよ（笑）。俺が育てたよって（笑）。

佐藤　俺が見つけたと（笑）。

山里　でもサトミツ君はそうじゃないから、いろんな人に信頼されるんじゃないかな。

佐藤　ありがとうございます。本当にあの時は、「あの山里亮太さんがオススメする作家」という記事が僕の名刺になって、仕事が増えていったんです。

山里　あの仕事、上から言われて行ったけど、あんまり行きたくなかったんだよね（笑）。役に立ってたんだね。

佐藤　僕にとってはもう本当に。

山里　じゃあ良かった行っといて。

佐藤　行ってもらって良かったです。本当に。

この本の答え合わせのような対談になりました。そして、なんと「スッキリ」以降もご一緒することになりそうです。引き続きお願いします

3

作家 佐藤満春

オードリーのオールナイトニッポン

放送作家としての一歩を踏み出したのは、２００９年10月の「オードリーのオールナイトニッポン（ＡＮＮ）」です。

番組2回目の放送から、現場に立ち会わせていただくことになりました。ラジオの仕事をするためにこの世界に入った身としては、少しでも長く、多く、ラジオの現場に関わっていたかったから、オードリーへの感情を抜きにしても現場はわくわくするものでした。

憧れの「オールナイトニッポン」の現場には、僕がずっと聴いていた「伊集院光のOh！デカナイト」を手がけたラジオ界の巨匠・藤井青銅先生もいらっしゃいました。なんと、僕が中学生時代に救われたラジオを作っていた人が、「オードリーANN」を立ち上げた人だったんです。

これにはものすごい縁を感じました。

青銅さんに仕事の相談をしているうち、「じゃあ、作家見習いってことで毎週来ちゃえば」と言っていただき、当時のディレクターである宗岡さんも賛同してくださったことから全てはスタートしました。

ただ好きで現場を見に行っただけなのに、サブサブ作家の肩書もいただいて（そんな肩書本当はないけれど）、そのまま会議にも参加するようになりました。番組の会議では皆さんが温かく僕のことを迎え入れてくださり、最初の会議がこの番組でよかったなと今でも思います。

ラジオの放送作家としてのいろはを教えてもらったのは、紛れもなくこの番組。ただ、最初はノーギャラで、こちらの熱と想いだけで行かせてもらっていたので、おしつけにならないように気をつけてはいました。

青銅さんにもかねてから「ノーギャラで参加することに番組側が甘えはじめると思うから、そこは考えたほうがいいときが来ると思う」とアドバイスをもらっていたので、いずれどこかで番組とは距離をおかないといけないな、と思いつつ、しばらくはこちらも存分に甘えて会議に参加し、現場に立ち会うという形でお邪魔していました。

まさに、**ラジオ制作の基礎を教えてもらう修行の場でもあり、憧れの場でもあった空間。**僕は何かをつかもうと必死にもがいていました。

そこからディレクターの宗岡さんが声をかけた作家さんが入って宗岡さんとその方が

大きく番組の流れを作る時期に突入。

新しい作家さんが来ると、「オードリーANN」の空気は変わっていきました。僕自身はというと、何も変わらず、任される大きな仕事も特にはなく、メールを少し印刷するくらい。あとは放送前に若林君から相談を受けることがある程度。

当時の「オードリーANN」には、番組についている作家だけではなく、事務所が雇った春日専属の作家が2人いました。春日が若林君以上に人見知りで、番組から勝手に孤立していたことを見かねて、事務所が仲良しの作家さんを雇ったのだと思います。春日の話し相手兼トーク構成担当という感じだったのではないかな。

しかし、彼らは自然と番組から離れることになって、春日は再び1人になりました。番組での居場所が特になかった僕と、急に1人になった春日。我々が2人でいる時間は増えていきました。間もなく、僕は春日のトークゾーンの構成を任されることになったのですが、それも自然な流れだったのかもしれません。

毎週毎週、春日から事情聴取のような形で話を聞き出し、トークのネタになるような話の聞き手として、唯一僕ができる役割を与えてもらうことができました。もちろん、僕が担当したからといって急に面白くなるなんてことはないし、上手くいかないことも多かったですが、トーク力で勝負するようなタイプではない春日という芸人が、ラジオで若林君に聞いてもらう（相槌やリアクションをもらう）前提でのトークが、たまに、ごくたまにできるようになっていきました。

そこでふっと湧いて出てきたのが、春日への「人志松本のすべらない話」のオファー。珍しく春日に呼び出された喫茶店で、その話を聞きました。

「これは、思い切り変な話をしてみんなにつっこんでもらう形か、それとも本当にMVS（＝MVP）をとりにいくか、どっちで考えてる？」

僕がそう確認すると、彼は後者を選びました。

そこから僕は、**これまでの「すべらない話」で印象に残っている映像で、皆さんのエピソードの尺感を計測し、MVSを受賞したエピソードを研究。**それから、春日とこれまでラジオで話して「若林君が面白く聞いてくれた」話をいくつか選びました。

「すべらない話」に持っていける話はおよそ5つか6つ。そのエピソードをちょうどいい尺感に仕上げる作業を毎週行いました。

いつサイコロで当たるかわからないので、いろんなパターンをシミュレーションしましたが、何より気をつけないといけないのは、「最初に披露するエピソードで、絶対に勝手にスベっている感じをださないこと」。あれだけの優秀な聞き手がいるトーク番組は珍しく、弱い話でもトーク力や表現力がなくても、皆さんのリアクションでどうにかなることはあります。一流芸人さんたちの手助けを、使わない手はありません。

ただ、勝手にスベっていく（スベった様子に逃げる）と自爆してしまうので、それ以降のトークが聞けたもんじゃなくなってしまう。そんな印象を持っていたので、春日には「とにかく1つ目のエピソードで、ちゃんと面白い話ができるんだという印象を持ってもらおう」ということを意識していくことにしました。

そして、万が一5つ目、6つ目まで回ってきた場合は、正直に「そんなにたくさん面白い話はない」ことを提示して短めのエピソードを出すところまで、準備していきました。

収録の日、深夜にかかってきた電話。

「おかげさまでMVSを受賞しました」

以降、春日はトークの話になると僕に必ず相談をしてくれるようになりました。

これは、僕に何かしらの技術があって、僕がすごいという話ではありません。僕自身が「すべらない話」に出てMVSを取れるかというと絶対に無理ですし、そのメソッドがあるわけでもない。春日自身のパワーと芸人力でもぎ取った、そんな印象です。

ひとまず、何かしらの結果になってよかったなという思い出です。

その後も、春日のトーク構成と簡単な雑用で、引き続き「オードリーＡＮＮ」にはお邪魔していました。このときもノーギャラだったので、責任感は特になかったかもしれません。どこかでまだまだお邪魔させてもらっている感覚というか。

いろいろ重なったタイミングで、僕は番組から離れる決意をしました。やや仕事が忙しくなり始めたのもあるし、子どもが生まれたばかりだということもあるし。

当時はよくノーギャラで他にもいろんな場所にお手伝いに行かせてもらってましたが、ノーギャラってある程度で線を引かないと上手くいかなくなる。そう考えるとこのあたりなのかなと。仕事はちゃんと「自分にお金を払ってもらえるだけの価値」を作れるかどうかが勝負なので。

番組は離れるけれど、若林君とは友達のままだし、オードリーのネタ作りの際は手伝いにお邪魔するわけだし、まあここから自分としてちゃんと仕事できるようになるまでは「オードリーＡＮＮ」からは距離を置き、次はきちんと「仕事」として局から依頼を受けたときに考えればいいかと思っていました。

そこから数年後、「オードリーＡＮＮ」が10周年武道館ライブを開催することになり、僕はその全国ツアーの漫才のお手伝いで、久々に番組へと関わることになります。これに関しては、本人たちと僕の関係性においてのネタ作りのお手伝い（ネタは若林君が１人で作るので、僕は合いの手を入れる程度）や、トーク作りのお手伝い（一緒の現場にいてうなずいてるくらい）で、ライブにも関わらせていただきました。

イベントの前日に各地に入り、若林君とさまざまな場所を巡りながら雑談、合間にネタ作りとトーク作り、隙間でネタ合わせ、本番と慌ただしく過ごしていました。本番終了後も、慌ただしく東京に１人で戻りました。ありがたいことに、その流れで武道館のライブもお手伝いすることになりました。

若林君とは長い間一緒にいるけれど、「オードリーＡＮＮ」の全国ツアーから武道館までの１年間は、本当に命を削ってネタやトーク、ライブの演出まで手掛けていて、めちゃくちゃ大変だったと思います。とにかくまあ最高で最強なネタと笑いをよくぞ！　と、一番近くで体感させてもらいました。

あのネタもトークも、僕は誰よりも早く目の前でできる過程まで見せてもらえてるのでありがたい話だし、武道館で１万人を沸かせる瞬間は「ここまでやってきてよかったね！」が大爆発して、気が付いたら笑いながら涙があふれるという（またかよと思われてしまうけど（笑）。

武道館の前日には、「俺を武道館に連れてきてくれてありがとう」という感謝のこもった長文のＬＩＮＥをくれた若林君。ライブ中はまあ目頭が熱くなったし、ライブ後、イベントの正式な作家ではない僕は全体の打ち上げには居場所がないので、楽屋の椅子を片付けていたところ、若林君が僕をずっと探してくれていたみたい。「どこいたんだよ、探したよ。もうこんなことないかもしれないから、写真だな写真」ということで、２人で武道館で写真を撮って。どこまでも粋で温かい男です。面倒なところはあるけど。

ちなみに春日からも終了後、長文の感謝のＬＩＮＥが届きました。一応、そういうちゃんとしたところはあります。気持ち悪いところもあるけど。

僕にとっても、あれは金の思い出です。彼らの10年は僕の10年でもあった。この番組から巣立った僕が、他のところでしっかり結果を出して、再び呼んでいただいたという実感もちゃんと持てたのです。

声がかかったら正式に番組に戻ろうと思っていたところ、それは現実となり、武道館終わりの４月から番組に戻ることになりました。**その際、スタッフに向け、僕を作家で入れることを熱心にプッシュしていたのは春日だったそうです。**

30代、駆け出し作家の奮闘

「オードリーANN」で作家の仕事をやらせていただいたことをきっかけに、さまざまな番組から声をかけていただくことになりました。

テレビ出演において爆売れすることに全く憧れがなくなっていた僕は、とにかく今はいただけるお仕事を精一杯やろうと決意し、作家の仕事を広げていきました。

30歳を過ぎて、放送作家として駆け出しで、1から働く。プレッシャーは間違いなくありました。やっぱりどこに行ってもアウェーでしたし、「芸人もやって作家もやって、結局何がしたいの？」と思っているであろう先輩作家もたくさんいました。最初は誰も話を聞いてくれないし、何なら芸人の世界よりも雑に扱われることもたくさんありました。

既に活躍している裏方の先輩方はその道のスターばかりで、その中で結果を出さなければいけないのは、芸人の世界と一緒です。周りの作家さんたちのポテンシャルとか行動力とか、全てに圧倒されていました。

でも、なんとなく自分には向いていそうな気がしたので、各所に信頼してもらうまで精一杯向き合うことにしました。

誰よりも宿題を多く出しましたし、いち早く出しました。全会議で絶対意見を言いました。芸人としての目線でコメントできるのはおそらく僕だけ（現役の芸人という意味でも）でしょうし。

別の作家さんから「自分より先に宿題を出されると困る」というお声をもらうこともありましたし、非情な仕打ちもたくさん受けましたけど、それでもやるしかなかったのでとにかく一生懸命でした。

まあ必死だったなと思います。この線が難しければ、もうこの業界自体に縁がなかったと思うしかないのでしょうと。もう1回あの期間をやれと言われたらきついだろうなあ。逆に、あの数年間があるから、今、仕事をいただけてるのだと思います。

仕事のやり方に関してもとにかく身近な人に聞いてまわりました。

「ナレーション原稿ってなんでこうするんですかね？」
「この作業ってどういう意味ですか？」
「あの会議って意味あるんですかね？」

なんでもいいので聞いちゃうという行動は、ピュアなフリをしてやってのけるしかありません。

放送作家の仕事は、お笑い芸人よりも「経験値」でなんとかなる仕事だと思っています。「ANNでかき氷にチーズをかけた」経験が「ズームインサタデー」の会議で生きるときもあるし、「ヒルナンデス！」の会議で「くら寿司を徹底的に研究したこと」が「くりぃむナンタラ」の会議で大事な情報になることもあります。

この10年の経験値をどうアウトプットしていくか？　それも、少しずつ勉強しながら出来るようになっていったと思います。「スポーツドリンクにチーズを入れてまずかった」経験ってなかなかできるものではないから、もうとにかくなんでも「やっておくこと」、これに尽きると思います。

仕事が増えて増えてもう手一杯だなと思ったとき、物理的に現場に行けない生放送の構成のお誘いを2つ3つ断った経験があります。

でも僕は、基本的にはどんなジャンルの番組も引き受けることにしています。藤井青銅さんにいただいた「とにかくいろんなジャンルの番組を経験したほうがいい」というアドバイスをずっと頭に置いていたから。

それは、思ってもみない発見や体験ができるという体感もありました。

となると、どんなジャンルのどんな仕事でも「やります」と口走ってしまうわけです。

しかし、物理的な時間は有限だし、体力はなくなる一方だし。悩みどころです。


作家の仕事は、僕にとって慣れないバラエティのひな壇に座っているよりも、ずっとしっくりくる居場所でした。

最初は誰も話を聞いてくれませんでしたけど、アイデア勝負の世界だから、少しでも結果が出せれば企画も通るようになっていきます。プレゼンをしたり企画を台本に落とし込んだりするのって、「面白いと思っていること」を言語化する作業なので、僕にはそれが向いていたのかもしれません。

「適尺で正しい情報を伝える」ことが得意だと知った僕は、そういう意味では番組のナレーションや企画を考えるのも得意だったのかもしれません。

憧れの人からの言葉

番組の企画を出すのは放送作家の大きな仕事の一つです。担当番組の企画やコーナーやナレーション、台本を書くのとは別に、「新規の番組制作をする」という日常があります。人によっては年間３００本以上の番組企画を出すと言われますが、その中から実際に形になるのは多くても４～５本。そこから特番放送を経てレギュラー番組になるのは１本あるかないか…。しかもその番組が続く確率は…と考えると果てしないですよね。

僕はテレビの企画は年間数本しか出していません。気の合う局員の方、話が合う方と出会えて、さらにタイミングがあれば出している程度なので、テレビの番組企画で一から考えて形になったものはほんの少ししかありません。ラジオにおいても新番組企画は常に募集していて、特番枠でお試しからレギュラー化というのはテレビとも共通しているように思います。ラジオはテレビよりその局に出入りしている制作の方が限定的な印象なので、「同じ人たちが同じ作家と同じような番組を作っている」ことが多い印象。よく言えば局のカラーが出しやすくて効率がいい、悪く言えば閉鎖的であると言えるでしょう。

ニッポン放送において最初に企画を出したのは、自分の大喜利ユニットの特番です。宗岡Dが興味を持ってくれたのですが、予期せぬことがいろいろと起こって頓挫しましたが。その後、宗岡Dに僕の憧れの1人、ジョビジョバのマギーさんの特番企画を出したところ、ちょうどマギーさんが朝ドラ「あまちゃん」出演で話題になっていたので、企画を通していただけました。

僕は大学時代からジョビジョバに憧れ、「こんなコントでお客さんを楽しませたい」と考えていました。芸人になってその形を模索する中で、ずっとどこかにジョビジョバの姿はありました。フジテレビで放送されていた「おじさんスケッチ」という役者さん中心のおじさんの哀愁漂うコント番組が大好きで、スタッフを調べてみたら脚本がマギーさんだと知り、「やっぱり僕が面白いと思う感覚は間違いない」と確信したこともあります。

そんなマギーさんとは、僕が作家で参加していたムロツヨシさんのラジオ番組で初対面します。マギーさんが「ラジオが好きなのでどこかに枠が落ちていないか探して帰ります」と言われていたことを受けて、ニッポン放送に企画を出したのが最初のきっかけでした。

マギーさんと何度か打ち合わせしていく中で出したのが、「ジングルを全てラジオコントにする」企画です。マギーさんはドラマの撮影の最中だったため、脚本は完全に僕に任せていただける流れになりました。サブ作家には僕と十数年の付き合いである作家の岡田幸生君を招いて、2人で台本を書き上げ、マギーさんに提出。マギーさんもギリギリのスケジュールの中、台本をチェックしてアドバイスをくれたのでした。

放送が無事終了すると、コントもメインとなる企画も大好評。憧れの人とのラジオコントは、経験値的にも今後の人生を左右するほどの出来事だったように思います。

そこからマギーさんとのご縁は続き、マギーさんが作・演出をされる舞台のブレーンで呼んでいただいたり、ドラマの脚本をお手伝いさせていただいたりと近くでその勉強させてもらっています。

そういった経緯もありマギーさんに一度、その時抱えていた悩みを含めて相談をしたことがあります。

「コントも中途半端でお客さんを1万人動員するわけでもなく、テレビでも活躍できるわけでもなく、どうするかな…」などと考えあぐねてお話をしたところ、**「サトミツ、俺もそうだったんだけど、まずは何者にもなれないと諦めるところからスタートだから、それでいいんだよ」**と伝えてくださいました。

僕はジョビジョバになれませんでした。でもいいんです、と。

そこからがスタートなのだと、教えてくれました。

転機、「たりないふたり」

少しずつ作家の仕事は増えていきましたが、転機になったのは「たりないふたり」です。「放送作家として経験を積んで、幅を広げようと模索しているサトミツは見たほうがいい」と若林君に呼んでもらって見に行ったのが、「潜在異色～見せたことない見せたいワタシ～」という日テレ主催のイベント。そこに出ていたのが若林君と山里亮太さんのユニット「たりないふたり」でした。

もう腹がよじれるほど笑って、イベント終了後、若林君に「『たりないふたり』、次にやることがあったらなんでもやるので手伝わせてほしい」と伝えたところ、主催・演出の日本テレビ安島さんにつないでもらうことに。安島さんと面談（というか雑談）させてもらい、予算はないけど一緒に面白いものを作りましょう！　と受け入れてくれて。

「潜在異色」で既に感じていましたが、安島さんは天才的なアーティストタイプの演出家さんで、まず安島さんに受け入れてもらったことが大きな喜びでした。

ただ大きな条件が一つ。「山ちゃんがいいって言ったらいいよ」と。

中目黒の居酒屋の個室で、山里さん、若林君、安島さん、僕の4人で初会合が開かれることになりました。イベントの反省会及び、今後の展望を話す会になるとのこと。

山里さんと初対面だった僕が緊張しながら挨拶すると、山里さんは笑顔で僕を迎え入れてくれました。次のイベントの話になった際に、僕は勝手に考えていった「たりないふたり」の企画案や展開案を3人に渡し、なぜ僕がこの企画のお手伝いをしたいか、その理由と共に伝えました。膨大な企画案を見た山里さんは「ああ、面白いですね」とぼそっと言ってくれましたが、直後、その紙をそっと置き、芸能ゴシップを語りだしました…。今思えば「面白いですね」は「まあ、この企画はさておき」という意味合いだったのかもしれないな。

帰り道、山里さんと同じタクシーに乗った安島さんからメールで「サトミツが『たりないふたり』のお手伝いをする件、山ちゃんOKだって」と連絡をいただきました。以降、僕にとってもがっつりとお笑いと向き合い、貴重な場所としてお手伝いすることになります。「たりないふたり」は山里さん、若林君、安島さん、そしてそこに僕が入らせてもらう形で、4人でイベントの中身などを考えていました。**日テレの狭い会議室で、深夜、フロアに誰もいない中、ここぞと面白いことを考える。この企画が大きくなっていくたびに新しい人が増えて、番組になり、大きなイベントになり…最終的には数万人が試聴するイベ**

ントになっていくわけです。

企画が少し大きくなりはじめた頃、僕が他の仕事とかぶって打ち合わせに行けない日がありました。その夜、若林君をはじめ山里さん、安島さんと皆さんから「サトミツがいなくて大変だった」と連絡をもらったのです。

若林君と山里さんの漫才は、アドリブから派生して生まれていきます（最終的には本格的なアドリブ漫才になりますが、初期はある程度、フレームはありました）。

その稽古の際、僕が現場にいるときは派生したアドリブを全てその場で台本に追記し、漫才が終わる頃には、先ほどの漫才で使えそうなアドリブブロックを追記した台本ができ上がっているという形でやっていました。タイピングが得意で助かりました（笑）。それが、僕が休んだことにより、「さっきまで盛り上がっていたアドリブを誰もメモしてないし、誰も思い出せない」という事態に陥ったそうなのです。それ以来、打ち合わせは録音をしておくことになったそうです。自分がいなくなって初めて、「その役割」を認識してもらうことってあるのだなと実感した日となりました。

そこからは若林君はもちろんのこと、山里さんがインタビューでおすすめの放送作家として僕の名前をあげてくれたり、安島さんが「スッキリ」の仕事を紹介してくれたりと、皆さんに本当に助けていただきながら、「たりないふたり」を原点に僕自身も成長していけたのではないかと思います。結果的に週5で日テレに出勤することになったり、山里さんとは「スッキリ」の「クイズッス」のコーナーで、週4ご一緒する関係になったり、僕の今の生活はここから始まったのだと心から思います。感謝。

30代から40過ぎまで、部活のように寝ずに面白いことを考え続けることができた場は他にありませんし、僕のお笑い筋肉を鍛え上げてくれた修行の場となりました。間違いなくここも僕の軸を作ってくれた場所です。

「たりないふたり」において、僕が必要とされる瞬間は言葉にできないものですし、どんなに「たりないふたり」が評価をされても、僕の評価が上がるということはもちろんありません。でも実感としてあったのは、「この面白い3人が僕を必要としてくれていた」経験です。

尊敬する人からの需要は、これまで何の自信も持てなかった僕にとって、初めての自信の礎になっていきました。若林君と山里さん、安島さんに僕の仕事を見てもらえていた実感があったからだと。**たとえ世の中に僕を評価している人がいなくても、僕が面白いと思う人たちが僕の仕事を評価してくれているなら、そこにいる意味はあるのだと。その誰かに出会えた僕は幸運だったと思います。**

作家は番組の1ピース

放送作家は不思議な仕事で、依頼されてからなんとなく役割が決まっていくことが多いです。ある番組ではナレーション原稿を書いて、ある番組ではひたすら企画案を出し続けて、ある番組ではトーク構成をして。**作家としていろいろな現場に呼んでもらえるようになってから、自分がそこにいる意味を考えるようになりました。**それは、例えば芸人としての視点かもしれないし、自分の持っている情報を伝えることかもしれないけれど、仮に雑用が必要であれば雑用をすればいい。

もちろん作家なので、企画や台本で結果を出すべきタイミングもあるけれど、「自分は作家だから」という変な自我を出さないようにしています。どんな番組も舞台も、自分のアイデアだけで何かが形になるわけではないですし、チームプレーだと思っているので。

仕事として依頼をいただいてるということは、そこに必要なピースになって歯車になれたら最高という感覚。僕の面白さがどうとかいうエゴは全くないです。これはクリエイターとしては絶対プラスではないと思うんですが、こういう性格なんでもう割り切るしかない。僕が関わる番組が面白かったとしても、**「自分がこのアイデアを出したから面白くなった」みたいなことを言わない人生でいたいと思っています。**いろいろ言いたくなるものじゃないですか。言うとしたら、もうそのことについて誰も何も言わなくなった頃にでも。そう、忘れた頃に答え合わせでもするかのようにね。

そういえば数年前から「口が堅い」と言われるようになりました。僕にとっては普通だと思っていたことが、後から勝手に評価がついてくるとしたらありがたい話です。

最初にそう言われたのは若林君の結婚か、春日の結婚か…どちらだか忘れましたが、当然、早い段階で知ってはいたものの、誰にも言うわけないじゃないですか。自分の妻にだって言いません、誰にも言いません。それは「言わないぞ」って決めてるわけではなく、必要があれば本人同士が言うんでしょうし。お互いラジオで言うことになるんでしょうし。僕が誰かに言うことで「面白くなくなっちゃう」のが嫌だったんです。

一番大変だったのは「オードリーＡＮＮ」の武道館公演でしょうか。あのとき、既に春日は「モニタリング」というテレビ番組の企画で、彼女（現・奥さん）へのプロポーズ企画を始動させていました。しかしそれを知っている「オードリーＡＮＮ」武道館チームのスタッフは僕以外いません。そして「オードリーＡＮＮ」でも、武道館に春日の彼女が登場するという、春日へのサプライズがあったのです。誰かのためのサプライズが大きく交錯し、その全てを知っているのが僕だけという状況。各所への連絡がめちゃくちゃ大変でした。春日がプロポーズする企画が走り始め、マネージャーに「モニタリング」のチームを紹介されます。ごく少数で進めるプロジェクトなので、3人だけだったと思います。全貌を把握しているのが春日含めて4人。マネージャーいれて5人。マネージャーも佐藤大介さん以外は全く知らされてなかったはず。春日がプロポーズのためにピアノの練習をしたり、隠しカメラのある喫茶店に彼女を連れて行って本音を聞き出したり…というのと並行して、ＡＮＮチームは春日へのサプライズの準備を進めていました。

誰がどこまで把握していて、どうなってるんだかわからなくなる瞬間ばかり。今考えてもあれはきつかったな…。「モニタリング」の仕込みなんてもう思い出したくないくらい(笑)。詳しくは書けないことばかりなのですが、とにかく大変。大変でした。

そうなんです、**僕がやってきた仕事、やっていくであろう仕事は「書いたら野暮になってしまう」ことばかりなので、皆さんの目に一生届かないことも多いんです。**誰の目にも届かず。誰からも感謝もされず、淡々とプロジェクトの成功のために任務を遂行するしかないわけです。「評価されたい」みたいな自我が出てきたらやっていられないでしょうかね。

「スッキリ」と山里さん

現在僕が担当している番組の中から、少し仕事内容を紹介したいと思います。
日本テレビの朝の情報番組「スッキリ」で、「クイズッス」というコーナーの構成を担当しています。２０２３年3月末で番組終了が決定したところですが、作家として関わって10年で番組が終了するのも一つ意味を感じています。

今からおよそ10年前。放送作家として駆け出しの頃から携わっているのが、この番組です。「たりないふたり」で出会った日本テレビ安島さんから、『スッキリ』がニュースコーナーの構成作家を探しているよ」と、当時の演出の田中裕樹さんを紹介していただいたことがきっかけでした。

僕はまだ駆け出しも駆け出しで、子どもが生まれたばかりで時間もお金もない中、本当に天の恵のような、お仕事の紹介をいただきました。安島さん、そして田中さんがいなかったら間違いなく今の僕はいません。うちの子は「スッキリ」の構成料で育ったようなものです（笑）。

まずは週に1度ほど、「スッキリ」のニュースコーナーの構成を担当することになりました。前日夕方に局に入り、担当するニュースのリサーチ、VTR構成、ナレーション原稿作成をスタッフさんと共に進めていきます。さらに翌週の相談を少しして、終わるのが11時くらいだったかな。

2年ほどそんな生活で、生放送の情報番組の構成の勉強をさせていただきました。もちろん全て一からなので、各所にたくさんご迷惑をおかけしましたが…、刺激的な毎日だったと思います。あんなに緊張感のある経験はなかなかできないので。

そこからこれまで作家がいなかった「クイズッス」のコーナーの構成の依頼を受け、週1だった稼働が週5になりました。

「クイズッス」は月曜から金曜までの毎日放送があり、生放送で芸能ニュースを発信しています。僕の仕事は、担当のディレクターさんがまとめてくださったVTRの見せ方を考えることです。例えば、VTR後のスタジオの展開を考えたり、山里さんの親友である「天の声」さんのナレーションの原稿を整理したり、クイズの内容や文言を考えたり。簡単に言うと情報をまとめる仕事。天の声さんがとにかく天才なので、ご相談しながら進めさせてもらっています。

ニュースコーナーのときより僕らしいというか。バラエティの感覚で考えることが多いですし、山里さんという才能を目の前で体感できるので、「クイズッス」に担当が変わってからは、以前より緊張が心地よいものに変わりました。

多数の番組を担当している中でも、「スッキリ」の「クイズッス」が一番向いているかもしれません。向いているというか、何もプレッシャーがなく仕事ができている番組はここでしょう。一番長くやらせてもらっていることで、役割が明確になっているのも大きいです。ディレクターさんや制作の皆さんから信頼していただいてる実感もあるし、自分の提案で各所うまくいった体験もあるし、山里さんとの関係値もあるし、僕の生活の軸、基盤になっている番組でもあります。

山里さんとは朝一でいろんなお話をさせてもらいます。仕事の相談をすることもあるし、世間を賑わせている芸能ニュースの話をすることもあるし。

山里さんの優しさや心遣いを感じる瞬間はたくさんあります。慣れない新人アナウンサーが登場する際は、その方の特技を調べて、ごくごく自然な形で生放送中にフリを入れ、彼らが活躍して笑いを取るなんていう瞬間を山ほどみてきました。そしてもちろん、加藤さんのディープなボケに素早く鋭い瞬発力で面白く返せる人も他にはいないでしょう。

山里さんの結婚がスポーツ紙に載ることになったときのこと。おそらくあのニュースは朝4時の早刷りかネットニュースに載ったと思うんですが、3時55分に山里さんからLINEがありました。

「サトミツ君ごめん、このあと少し騒がせることになると思う」

逮捕だ、逮捕。と直観的に思ってしまったことはまだご本人にはお伝えできていません(笑)。5分後、素敵なご結婚のニュースで胸をなでおろしたことは忘れません。

「クイズッッス」を担当して8年間。月曜から金曜まで毎日4時起きで、始発で汐留に向かう生活が終了します。

「スッキリ」の構成は僕の名刺でもありましたし、情報を整理しながら面白を挟み込んでいくという僕の芯になる部分の勉強の場でもありました。一方で、これからは朝、ゆっくりできることにほっとしたという本音があるというのも一つの事実です。

愛すべき人たちとの極上のロケ

僕が唯一ゴールデン帯に出演するテレビ番組が、日本テレビ「有吉ゼミ」です。

僕はトイレの専門家として活動し、「トイレクリーンマイスター」「名誉トイレ診断士」の資格を取り、自主的にトイレ掃除の研究を始めました。そこでトイレ掃除の技術がホームクリーニング全体に生かせることが判明し、「掃除能力検定士（5級）」の資格を取得し掃除芸人としての仕事もスタートさせました。

「アメトーーク！」で「トイレの紙様芸人」「掃除大好き芸人」として出演させていただいたことから「掃除に詳しい芸人」という名刺をいただき年末大掃除シーズンは時々、掃除専門家としてお仕事をいただく流れができました。その中で、熱を持ってオファーをくださったのが「有吉ゼミ」です。

演出の橋本さんはお笑いが大好きで、ドラマの脚本・演出も手掛けるクリエイター。「有吉の壁」のような芸人さんと向き合う番組から、情報ベースで面白要素を入れ込む番組まで手掛ける職人です。そういう方とご一緒できる喜びも毎回噛みしめつつ（ちなみに橋本さんには一度、ドラマの脚本家としてもお声がけいただき、一緒にドラマも作らせていただきました）。

思い返すと、最初の出演はもう7年ほど前になり、番組の初期から準レギュラー的に出演させていただいてます。

番組MCの有吉弘行さんは愛情深く接してくださり、こちらが存分に掃除の話をしやすい雰囲気を作ってスーパープレーで助けてくれます。サッカーで例えるとJ3リーグのプレイヤーである僕が、唯一J1の試合に出るのが「有吉ゼミ」。有吉さんをはじめ、坂上忍さん、矢作兼さん、博多華丸・大吉さんなどそうそうたるプレイヤーの中に交じり、僕が出演している違和感。

スーパープレイヤーたちはチームプレーで番組を作っていくんですよね。僕が少し蛇行してしまいそうになっても、わからないように助けてくれるし、時には棒立ちでいる僕が一言言えば爆笑が起こるような、ゴールを決められるような鋭いパスもくれます。

現在行っている企画は「ゴミ屋敷！　片付けレスキュー」。長期間掃除していないようなお宅、腰までゴミが散乱しているお宅、カビが生えすぎて変色している床…。信じられないようなお宅にお邪魔して掃除をさせてもらえる神企画です。

僕は潔癖ではなく「掃除をして綺麗になっていく様子」を見るのが大好きなので、この企画はロケというかもうご褒美、大げさな意味ではなくご褒美なんです。

ただ、共演している出演者の皆さんにはそこを強要するわけにはいきません。そんな中、手をあげてくれた1人がDJ松永君です。世界一のDJ！

松永君は、Creepy Nutsが「たりないふたり」という楽曲をリリースした直後に僕が楽曲にほれ込み、ラジオのゲストに出ていただいたり、僕お得意の暗躍で本家の「たりないふたり」とうまいこと繋いでみたりと…、ここ5、6年くらいは程よく関わらせてもらっている仲。

彼のトーク力と人柄が評価され、テレビに出演しはじめた頃、「有吉ゼミ」で彼の潔癖具合と人間の面白さがフィーチャーされ、ゴミ屋敷レスキューにも参加してくれることになりました。彼は僕と違って潔癖なので、あんな過酷な労働環境に誘い込むのは申し訳なさもあったのですが…。

彼の本気のリアクションとワードセンス、テレビ界ではどんどん必要とされていっていますっ。そんな彼と、何よりずっと関わってくれている彼と、一緒にゴールデン帯の番組のロケに参加できるのは無上の喜びです。

ここ数回はスケジュールの都合で参加できていないのですが、オリンピックの閉会式まで出演した彼がなぜこのロケに参加してくれたか確認すると、**「サトミツさんからのオファーは基本断らないと事務所と話している」と教えてくれました。本当に心から嬉しかった！**

Ｒ－指定君も含めて彼らと出会えたことは財産で、彼らのような楽曲で人を励ますことのできるミュージシャンが生まれ、僕の長年付き合いのあるオードリー（特に若林君）とも意気投合し、プライベートでもやりとりをするようになるのは、僕にとってとても喜ばしいことでした。

「たりないふたり」配信ライブでのラストのパフォーマンス、最高でした。

これからもゴミ屋敷いきましょう。

ゴミ屋敷レスキューで言うと、水卜麻美アナも参加してくれるようになりました。水卜さんとは「スッキリ」ＭＣ時代からお世話になっていて、本当にときどき、日テレの16階で遭遇して雑談する仲だったのですが、ひょんなことから２０２１年、「水卜麻美のオールナイトニッポン０」の企画が通り、番組を一緒にやらせていただいたところから、もう少しお話しさせていただく機会が増えました。

水卜アナは世間的に見ると「超成功者」で、人気アナウンサーとして大活躍中なわけです。それはアナウンサーとしての技術的な部分もそうだし、人間的な魅力でビカビカに光っていて、世間的な人気を集めているところが大きいのだと思います。

しかし、実際お話しすると、そんなレベルの人でももちろん同じように悩み、ちゃんとある種の人間味をしっかり抱きかかえているところが最大の魅力だと思っています。

そんな水卜アナもゴミ屋敷レスキューに参加してくれるようになり、人間力を存分に発揮してくれています。

松永君も水卜アナも、過酷なスケジュールの中でロケに来てくれて、その中での光り方をしてくれるんです。

大好きなロケを大好きな人と行けるのが最高すぎる。

そして、一緒に作っているスタッフさんも。

現場演出の逢坂Dはラジオ好きで僕と同じ価値観を共有できる貴重な存在。何をどうしたら面白くなるか？　彼とは少しの会話で意味を感じあうことができます。いつも現場で支えてくれる皆さんもとても心強いです。

そして演出の橋本さんは大きくこの企画の根幹を信じてくれている人。

このロケは、僕がプレイヤーとしてまだ動いていいんだと、みんなに励ましてもらえる貴重な機会になっています。

感謝と尊敬と至福が溢れてないか

テレビ朝日の「キョコロヒー」も大好きで大切な仕事の一つです。演出の舟橋さんは、「激レアさんを連れてきた」の演出を担当しており、「キョコロヒー」のスタート前に、「舟橋という面白い人がテレビ朝日にいる」と若林君から名前を聞かされていました。若林君から聞く**「面白い人」「サトミツとは気が合うはず」という感覚は外れたことがないので、どこかでご一緒できるのを楽しみにしていた方です。**

そんなとき、テレビ朝日のアナウンサー弘中綾香さんが「オードリーANN」にゲスト出演するタイミングがあり、そこに来ていた舟橋さんにようやくご挨拶できました。「いつか、どこかで、何かしら作りましょう!!!」という軽いご挨拶をしたまま、なんとなくツイッターをフォローし合っているくらいで、特に何の動きもなかったところ、「キョコロヒー」が開始する折に、作家として参加してほしいというご連絡をいただきました。

もうわくわくしかなかったのですが、「気が合いそうだな」という予感は見事に的中。

面白いと思っているものが近い、感覚的にイメージで物事を伝えても、見事に伝わるという信頼感。舟橋さんとはおそらく見てきたお笑いも聞いてきた音楽も近いんじゃないかな、確認してないけど。喫茶店で雑談できそうだなと思う貴重な人です。

番組は、ヒコロヒーさんと日向坂46の齊藤京子さんがトークをするという内容。当初はなぜかダンス番組だったので、みんなで予算もない中、ダンス番組の雰囲気をにおわせつつ面白いVTRを作るという形で、会議がまあ楽しかったです。2人ともすごくピュアで、収録のたびに巻き起こる予期せぬ展開が楽しみで仕方ありません。

作家の渡辺佑欣さんはキレ者で、淡々とお笑いのアイデア、要素を提案する貴重な存在。ちゃんと面白い作家さんとご一緒できるのは嬉しい限り。APのワタナベユウコさんはいつも陽気でパワフルだし、ディレクターの藤原君は清水エスパルスのサポーターなので、サッカーの話をよくします。他のスタッフさんもみんな魅力的。プロデューサーの奥田さんとはここで出会い、「ハマスカ放送部」にもお誘いいただくことになります。奥田さんは博識で、ご一緒させていただくたびに勉強させていただいています。

番組もどんどん大きくなっていきましたし、出演者、制作スタッフ全て含めて、チーム感がとても強い、いい番組。

「ヒルナンデス!」では月曜の担当で、大きく分けて3つあるVTRのブロックのうちの1つか2つを任されています。

例えば3人でロケに行く企画があるとすると、出演者さんの武器や個性みたいなものを生かした展開を練りつつ、その3人でどういうロケをしたら視聴者に楽しんでもらえるか、どういう情報がこの時間帯に見ている方に有益なのかなどを考えて、ロケの概要と台本を作ります。そして、できた素材を見てナレーションの原稿を書いたり、原稿が上がってる場合はその調整をしたり、ディレクターさんと相談しながらVTRを作り上げていき、放送を迎えるというチームプレーですね。

「ヒルナンデス!」は、火曜担当で作家の先輩、三田さんに繋いでいただいたスタッフさんからの依頼で担当することになりました。三田さんには文化放送のラジオでご一緒させていただいたり、「ノギザカスキッツ」というコント番組やBS日テレのドラマやら、たくさんお声がけいただいて勉強させてもらったりしている超恩人です。「有吉ゼミ」の作家さんでもあります。三田さんにも頭が上がりません。「ノギザカスキッツ」では乃木坂46メンバーのコントを書かせていただいたのもすごくいい経験でしたし、ドラマの脚本のお仕事もここから少し広がっていきました。

「ニャンちゅう!」という子どもの教育番組では、ディレクターさんと相談しながらお話の展開を考えて、脚本に落とし込んでいくということをしています。この番組はたまたま依頼をいただいたのですが、世界観の範囲内なら割と自由にアイデアを出せて、それをやらせていただけるのですごく楽しいです。

子どもって繊細だしハイセンスだと僕は思っていて、「こんなの子どもに伝わらないだろ…」と思うようなものも、意外と感じ取ってくれるんですよね。実はこっちが子どもたちのことをわかっていないだけ、みたいなことが多々あります。

一緒に作っているスタッフさん方もすごく柔軟な考えをお持ちで、子どもたちという視聴者のことをとても信じて番組を制作しているチームです。だから、夢がある仕事だなって。人形の操演の方や声優さん方も実力者揃いなので、そういうところも含めて、この番組に関わらせていただいているのはとてもありがたいです。

一緒に構成を担当しているかもめんたるの岩崎う大君とは、お笑いを始めた頃からの仲で安心感はあるし、人形操演の磯辺先生によるニャンちゅうの動きには、毎回感嘆させられます。ニャンちゅうの声優の津久井教生さん、タラスズの鎮西寿々歌さん、ベラボラの比嘉久美子さんの3人が見事に演じてくれるので、脚本を書いていてすごく楽しいです。リニューアルみたいなことがあって人が変わってもその歴史は受け継がれていくのでしょう。女屋ディレクターは川崎フロンターレのサポーターなので、ここでもサッカー話で盛り上がったり。プロデューサーの大澤さんや、笹山さんの優しさに助けられ全てが温かいチームです。

「ニャンちゅう！」の構成に入るきっかけをくれたのは、Eテレの番組を中心にさまざまな場所で人形操演として大活躍している山田はるかさん。はるかさんとは、僕のやっている「サトミツ&ザ・トイレッツ」というバンドとのコラボ企画で出会いました。はるかさんの演じる人形はまさに命が宿ります。動きもリアクションも生き物としか思えない、即興性。名人芸です。

はるかさんからEテレの関係者に繋いでもらって数年間、「ニャンちゅう！」をはじめ、イベント脚本や構成をお任せいただいてます。これも素敵なご縁となりました。

自分に子どもができてからというもの、教育に関わる番組はずっとやりたかった仕事。本当にここに関われているのは喜びでしかありません。

以上、わずかではありますが、現在僕が担当している番組の仕事内容です。番組によって業務が千差万別なことが、少しでも伝わったでしょうか。素晴らしい演者、スタッフたちに囲まれて、充実した日々を送っていることも。

仕事と信頼

放送作家を始めてから数年間は、「事務所とスケジュールを共有しにくい」ということで苦労しました。事務所は「タレントのスケジュールは365日24時間自分たちで管理する」意識でいるんですね（少なくとも当時は）。つまり、こちら側で何かを入れたいときだけ、「ここは空けてください」と申告しないといけなかったんです。

放送作家という仕事は急に会議も入るし、急に収録も決まるし、急に作業も頼まれます。その目まぐるしいスケジュールの変更・追加を、いちいちマネージャーと共有しておくこと自体が無理なことで、「今週はこのくらいの作業量があって、このくらいのタイムスケジュール」なんてのは、家族だって理解しにくいところで。

当時、事務所からすると「所属タレントが勝手に放送作家の仕事を始めた」感覚だったはずなので、もうそこからはスケジュールの奪い合い。

「いや、その仕事は受けるとは断言してません」

「いや、こっちでお願いしちゃってるので、行ってもらわないと無理です」

「僕のスケジュールって誰のものなんですかね？」

壮絶なやりとりが数年間続きましたが、事務所側に問題があったわけではなく、これは僕が異例のスケジューリングと異例の仕事をしていたから。現在は密に連絡を取り合いながら、相互的に相談しつつ進めさせてもらえる環境になりありがたい限りです。

出役の仕事も構成の仕事も、「自分でやりたい！」と手をあげて依頼が来るわけではありません。向いている仕事（素養のある仕事）の依頼が来る、つまり、今入っている仕事こそが「自分に適性のある仕事」だと判断できるのかなと思っています。

僕のレギュラー構成担当番組は、情報番組が3本、バラエティが3本、スポーツが3本、教育が1本、ラジオが6本。出役のレギュラーはラジオが3本、不定期で情報番組が1本。番組一覧を見つつ、「僕はこういうところに需要があるのだな」と改めて実感したりもして。全部ありがたいので精一杯取り組みます。「この番組で名前を売りたい」とか「自分の面白いところを認められたい」みたいなエゴがないから使ってもらいやすいのかな。お笑い芸人出だからバラエティ番組の依頼が来そうなものですが、そんなこともなく。こう見ると僕は情報番組が得意なんでしょうね、きっと。

ニッポン放送で作家の仕事をいただくようになって、「いつかオールナイトニッポンで作家の仕事をして、毎日ニッポン放送にいるような生活、憧れるな〜」と、ラジオ好きから入ったこの世界において、一つ希望のようなものを持った時期があったのですが、ANの依頼は特番以外ではほぼ来ませんでした（笑）。むしろ、昼の番組や夕方の情報番組についていてほしいという依頼が多かったのです。あとは自分で企画を書いて通った番組。**自分の向き不向きは自分では判断できません。周りの人の目を信じています。**

これまで、僕は自分自身のことをとっても暗く、とてもネガティブだと自覚していました。ただ、ネガティブすぎた結果、その先にある「人間」を信じるようになったのだなと思うようになりました。

例えばサッカー観戦において、チーム状況が悪ければチーム、選手、運営に批判的になるサポーターは少なくありません。勝った時は大喝采。でも敗戦が続くと、「監督の采配が〜」「補強をもっとしないと〜」とか、素人なりの批判の声ってあるじゃないですか。僕は「まあサポーターなんて勝手なもんだな」と思いつつ、「たとえ負けたとしても、ここまで選手やチームが調整してきた経緯は信じる」ことにしています。もちろんチームのことはチームのほうが当たり前にちゃんと考えている。考えて動いた上で、うまくいかないことだってあるわけで。「こんな状況じゃ勝てない」「GMが酷い」なんていうネガな声は、僕にとってはクレームにように聞こえてしまうこともあります。気持ちはわからないでもないけど。

僕はネガディブではあると思うのですが、その先にいる人を「信用しない」ようなことはしません。だから信頼している周りの人については圧倒的に信じています。

全ての番組に共通して言えることは、僕だけで作り上げているということは全くなく、いろいろなことを現場で相談させていただきながら、全力でいいものを作るためにアイデアを出しています。**芸人も作家も両方やってるからこそ、台本を書いた作家さんやディレクターさんの意図がある程度わかるのは、すごく大きなことだなと思います。**作家さんやディレクターさんと打ち合わせをするときに、番組の構想を想像しやすいです。どのくらいの打ち合わせをしたのか、誰の意向が強い番組なのか。ある程度透けて見えることは多々あります。見えすぎちゃって困るくらいかもしれません。

ラジオパーソナリティとしては2本の番組と1本の特番を担当していますが、全て構成作家兼パーソナリティという立ち位置です。

僕には話術も人間的な魅力もないです。当たり前ですが伊集院さんにも爆笑問題さんにも絶対勝てませんし、レジェンドたちと戦える場所にはいません。ただ、好きな音楽やトイレの話なら、熱を持って話ができると思います。何より構成も自分で担当するので予算がかからない！ これが一番のメリットかもしれませんね。

Special Talk

特別対談

04

涙もろさと感謝の気持ちを受け継いだ“一番弟子”

・

日向坂46

松田好花

佐藤　こうして改めて話すのは変な感じ。

松田　ソワソワしますね。

佐藤　最初けやき坂46のアルバムヒット祈願のバンジージャンプだよね。皆さんがバンジーを飛んだのを見て泣いて、その理由を、6歳の子どもがいるからっていう言い訳をしてたのを…。

松田　若林さんにいじられて（笑）。

佐藤　その子どもが来月10歳になるから、4年経つんだね。

松田　時の流れを感じますし、そこからのご縁でここまでになるとは想像してなかったです。サトミツさんは最初からすごく温かい人だなって思ってたんですが、涙もろいのは昔からなんですか？

佐藤　元々泣き虫だとは思うんだけど、より深刻になったのは子どもが生まれてからかな。

松田　深刻になった（笑）。

佐藤　子どもが走っているだけで泣いちゃうんじゃないかみたいな（笑）。

松田　私もサトミツさんの一番弟子みたいになってから、一気に涙もろくなったかなって。涙もろさを受け継いでいるんじゃないかって感じることがあります。

佐藤　よくわからないところを受け継いでるけど（笑）。優しさとか感謝でいっぱいになるよね。すっごいわかる。

松田　何か似てるんですかね。1回休養したときにどれだけ恵まれてるかっていうのを実感して、感受性がちょっと爆発してたのかもしれないですね。

佐藤　僕も本を出したいと言ってくれる人がいたり、自分のラジオができたり、それこそ「日向坂高校放送部」に携われたり、いろんな人が仕事を形にしてくれることが本当にありがたいなって思う。

ラジオ好きの2人で作る「日向坂高校放送部」

佐藤　「日向坂高校放送部」のコーナー案を考えてきてくれた時があったよね？　あ

れは本当に嬉しくて。

松田　ありがとうございます。

佐藤　頼もしくもあったし、ラジオへの向き合い方として本当に素晴らしいと思ったし誰にでもできることではないというか。

松田　コロナで10日間家にこもったとき、やっぱり時間ができるので、その分考えることも多くなって。自分を見つめ直して、サトミツさんだったら受け入れてくれるかなと思って。

佐藤　最高だったね。送ってきてくれた企画も全部素晴らしかったし「これこれ！」って。なんでも言ってもらえる空気を作りたかったから。

松田　待ってたんですか？（笑）

佐藤　出演者と裏方の形ではあるけど、物作りをしていく過程の一つの楽しみを体感させてもらったみたいな感じだったかな。そこまで自分の番組とちゃんと向き合えるパーソナリティの人ってあんまりいないないからさ。何かしなきゃと思っても、なかなか具体的な形でアプローチまでできないからね。

松田　そうなんですかね。

佐藤　そうよ。ラジオが好きだっていうのもあると思うけど、向いてるんだろうなって。人間的にもね。ますます面白い番組になるだろうなって思った瞬間でした。

松田　サトミツさんはいつも全部肯定してくださるから不安になるんです（笑）。

佐藤　ジャッジが甘いんじゃないかみたいなね（笑）。

松田　収録の時も全部受け止めてくれる第一リスナーのような感じなので安心感がほんとにすごい。**サトミツさんが醸し出す人柄の部分をとても尊敬しています。**あとはサトミツさんは裏方も演者側の気持ちもわかってくださるのでその二刀流ならではの良さもすごく感じます。

佐藤　第一リスナーって言ってくれたけど、僕は「この人の話を聴きたい」と思う人のラジオの企画書を書くようにしてて。だからトークの邪魔はしたくないしとにかく楽しんでやってくれることを意識しています。今後も楽しみです。

松田　今後もよろしくお願いします！

信頼関係は目に見えない所もあるけど、色々なことをこの機会にお話できて本当に嬉しかったです

Special Talk

特別対談

05

「たりないふたり」が生きる希望になった

・

Creepy Nuts

DJ松永

松永　改めてですけど、**俺、サトミツさんも携わってた「たりないふたり」に出会ってなかったら、絶対世に出てないです。**

佐藤　すごいドラマチックな関係だよね。

松永　自分のスタンスに対してまだ骨組みが見えてない、何を主張するべきかもまだ見えてない時に「たりないふたり」と出会って。「言っちゃっていいんだ！」みたいな。だから本当に自分の今の人生の大前提にあります。「たりないふたり」もサトミツさんも。あと、オードリーも。

佐藤　それが松永君に届いて、作品になって、その作品で「たりないふたり」の二人とクリーピーが実際に出会ってっていう。

松永　自分でも「何これ⁉」って（笑）。そこにずっとサトミツさんがいるじゃないですか。サトミツさんが架け橋になって繋いでくれたし、そもそも「たりないふたり」自体もそうだし。で、サトミツさんがお掃除芸人になった裏に若林さんがいるっていう。

佐藤　いろんなところが全部繋がってるね。

松永　「たりないふたり」とかオードリーとかを経て一人立ちした俺とサトミツさんで、「有吉ゼミ」で掃除をやるとかね。本当全部巡ってて、奇跡というか、本当にぞわっとします（笑）。

佐藤　前に松永君とラジオで「向いてる、向いてない」みたいな問題を話したじゃない。あのトークが僕の周りですごい好評で。世の中の人は「努力すればみんな成功する」みたいなこと言ってくるじゃん。そんなわけないのに。いい加減にしてほしいっていう（笑）。

松永　そんな簡単だったらみんなこんな疲れてないよっていう。

２人　（大爆笑）

佐藤　でも、自分の適性の「向いてる、向いてない」を教えてくれるのが、周りの人だったり環境だったりするよね。

松永　そう。で、それも運だったりしますもんね。俺もサトミツさんもめっちゃ運良かった側です。

佐藤　もう本当に運だけ。なんなら運だけでやってると思う。

松永　マジで運すよね。過去の自分からしたら、めっちゃありがたい仕事させてもらってるけど、ちゃんとしんどいじゃないですか（笑）。これで上手くいかなかったら何なんだ！ってことを言いたい。デフォルトの生命力の低さが半端じゃないなって思いません？（笑）。

佐藤　わかる（笑）。なんか眩暈とかするじゃん。

松永　精神から体に支障をきたして、「俺、今ギリ生きてるな」とか思う。これで上手くいってなかったら、絶対死んでるよなって。

佐藤　そうだよね。

松永　自意識に殺されていると思うんですよね。自分の場合は、周りからの目と自分の実力とのギャップにずっと苦しんでいたんで。

佐藤　その松永君がさ、仕事のない時期、おそらく今よりも大変苦しかったと思うんだけど、そこから抜け出した鍵はなんなの？

松永　なんて自分って欲深いんだと思ったんですけど、ＤＪで世界一を取って、仕事がどんどん増えていって、自分にスポットライトが当たって、〝世界一〟が馴染んだ1年後ぐらいですかね。

佐藤　馴染むまで1年ぐらいかかってたんだ。

松永　取ってからもしばらくしんどくて。それを持って出てっても、まだ周りはＤＪというものに対してあまりピンときてない。ＤＪの世界一と周りの俺への認識が重なるまで、やっぱり時間はかかって。テレビに出てって、俺の存在を知ってもらうまではそうですね。

佐藤　まあそうか。「こいつ誰だ？」から入るからね。でも、松永君は実力と努力とそのメンタリティと人間性で、そこを切り開いていたっていうことだから。すごいなあと思うけどね。

松永　奇跡があって、ようやくです。

互いに確認し合わなくても大切な人だと思い合える存在

松永　サトミツさんって、若林さんの苦悩に対して、若林さん以上に当事者意識を持って怒ってる時期がありましたよね。オードリーを取り巻く環境とかに。

佐藤　うんうん。

松永　ラジオ聴いてて、大変そうなんだなとは思ってましたけど。

佐藤　若林君が忙しくなりはじめた頃かな。

松永　その時は、人見知り芸人を表に出す前だから、人付き合いが上手くいかない苦悩をネタに昇華できる前のことですよね。

佐藤　うんうん、そうだね。

松永　サトミツさんとか若林さんには、「よく生きのびてらっしゃいました！」って本当に思う。俺だったら無理だって思いますもん。

佐藤　確かにね。

松永　「ネタにしてオッケー」っていう世の中の価値観を変えてくださった「たりないふたり」の皆さんなど先人のおかげで、俺は20歳前後で切り替えることができた。で、その下の世代はもっと楽だと思うんですよ。

佐藤　そう、今の世代はもうね。僕は若林君がいたから本当に良かった。飲み会や打ち上げに行かない、みたいなことを共有できる人がいたから、多少は楽だったけど。

松永　やっぱりそういうところの絆なんですかね。若林さんとサトミツさんに関しては、氷河期時代に奇跡的に出会った2人だから、同じ境遇同士の絆が深いんだろうなって思う。

佐藤　味方がいなかった…当時は2人ともなんの仕事も無かったしさ。若林君は今はもうキャラも確立されてる上にキャリアも積んでるから打ち上げ行く行かないは自由にできると思うけど当時、何者でもないときの「打ち上げ行かない」は相当な選択だったと思うんだよね。僕ももちろんそうだったけど。

松永　本当にちゃんと通じ合えると、会わなくてもいい時期とか、頻繁に連絡取らない期間とかも全然ある。例えば親子って、会わなくても親子だし。確認もしない。それに近いなとか思って。

佐藤　確かにね。

松永　それを本人に言うとまた変わってくるんだけど、もう自分の中では「まじで信頼するとこうなるんだな」「会わなくていいってなるんだな」みたいな。その絆を2人には感じましたね。

佐藤　そこはあるかもしれないね。

松永　僕の場合はそれが朝井リョウだけど、そういう人と出会えたのは大きいし、やっぱりめちゃくちゃ運が強い（笑）。

佐藤　朝井君もそう思ってるだろうね（笑）。

松永君のたくさんの言葉に何度も助けてもらいました。心配になるほど働いているけど、また各所でご一緒できたら嬉しいです

4

人間 佐藤満春

好きなものを大事にする

大きな趣味というものがありませんでした。いや、振り返ってみるとサッカーも音楽も、ラジオも散歩も趣味じゃねえかと言われたらそうなのですが、アンテナに引っかかるか引っかからないかの差が極端で、さらに言うと、世の中の人が楽しいとか面白いとか美味しいと思うものに対して「大きく」反応できないことが多かったように思います。

今思考えると「そんなもん」だと思うのですが、思春期の僕（から30歳くらいまでの僕）にとっては、まあまあ大きな問題だったように思います。だって、やっぱりどうしたって「みんなが楽しいと思うもの」＝「自分にとっても絶対楽しい」のほうが楽じゃないですか？

別に自分が特別だなんて思ってはいないけれど、ただ、みんなが楽しい何かを僕は楽しめないんだなという。大勢の飲み会も楽しくなかったし、高級ブランドの服も別に欲しいと思わないし、恋愛至上主義にはしる若者たちに共感はできないし、「全米が泣いた！」映画にも別に心が揺さぶられない。「理解はできないけど迷惑はかけたくない」ので、時折ちゃんと楽しんでるフリもしてきたような人生でした。

本当に、みんなみんな、楽しそうだったんです。だけど僕はこれも無理、これもこれも無理、全部無理だった。**となると、本当に自分がいいなと思った感覚を大事にしようと思うもので。そう感じたのは音楽の存在が大きいかもしれません。**

ラジオで耳にして直感で「いいな」と思ったミュージシャンは、ＣＤを買ってライブに足を運んで。彼らが売れていようが売れてなかろうが関係なく。

そのときに「僕が知ってるとか知らないとか、世の中が知ってるとか知らないとか、そんなことは結構どうでもよくて、無名なものでも本当にいいものはたくさんある」と実感させてもらったのだと思います。この経験は今の僕をしっかり作っているな。僕自身もそうでありたいと思うし。

好きだなと直感した自分の感覚は、それが誰にどう思われようとも大事にしないと、自分の存在すら否定してしまうことになる。他人に迷惑さえかけなければ、僕の好きなものを好きでいて大事にすればいい。もう自分のエゴでいいわけです。**数多くのものは好きになれなかったから、スポンジに水がしみ込んでいくがごとく何かにはまってしまった僕は、それを好きでいる。自信を持って。誰の否定もしないので、僕の好きなものも否定しないでほしい。それが僕の本音です。**みんながそれぞれ好きなものを好きになったらいいというか。

僕の趣味はおそらく「世の中的にはとても偏っているもの」でした。音楽が好きです。ただ、洋楽は全く詳しくなく、知識と情報は特定の邦楽ロックのみ。好きなバンドに関しては、デビュー曲から現在まで「どのようにどんな遍歴でどう変化したか」まで把握できるくらいインタビューを読み、発信される情報をもぎ取り、徹底的に調べます。

最初にはまったバンドは中学生のときにラジオで聴いたユニコーン。CDを買って、ライブに行って、すぐにファンクラブにも入って。奥田民生さんが好きだと言っていたアーティストや、ユニコーンの対バンで気になったアーティストもバーッと聴いて、どんどん音楽にはまっていきました。大学に入ってからは、エレファントカシマシ、スピッツ、サニーデイ・サービス、くるり、というわかりやすい邦楽ロック好きの道を進んでいくことになります。みんなラジオに教えてもらいました。**イントロが流れてきた瞬間、鳥肌が立って、急いで録音して、翌日CDを買いに行って。そんな震えるほどの出会いをラジオからいただいてます。**

中でも、くるりはデビューから今の今まで大好きです。曲も歌詞も佇まいも全てにおいて。くるりはアルバムごとに、曲ごとに、全く違うことにチャレンジし、メンバーも編成もその都度「新しいバンド」のような側面もありつつ、しっかりと岸田繁さん、佐藤征史さんの「くるり」のサウンドなのが心地良く。曲によってテンションも違う、時期によって考えていることも違う。でもくるりなのが本当に最高。音楽にはまってからさまざまなアーティストのライブに行きましたけど、一番行ったのはくるりだと思います。今でも行きます。それくらい好き。どんなに形が変わっても、くるりはくるり。

ラジオにもくるりにも助けられて生きてきた僕が、「くるりのオールナイトニッポン0」の構成を担当することになる事実は、もうケーキ食べていいと思うんですよね。最高の夜に。

そして僕はサッカーが好きです。ただ、一番しっかり見てるのはＪ２リーグ。大好きな地元にあるサッカーチーム「ＦＣ町田ゼルビア」がＪ２リーグにいることが大きな理由ですが、とにかくこのチームとリーグが好きなんです。みんなが熱狂している海外のリーグも一応見るけれど、熱心に見ているのはＪ２。Ｊ１でもなく、Ｊ２。プレミアリーグより、Ｊ２を見ています。Ｊ２は地域に根差しながら、Ｊ１を目指してチームを大きくし、行政も巻き込んで、サポーターも選手もフロントも全て一体にならないと上にあがっていけません。まだまだ手弁当な部分があったり、手探りな部分もあったり。Ｊ１で活躍できなかった選手が加入したり、突然元日本代表がやってきたり。レジェンド級の選手も見ることができます。素材丸出しみたいな選手もいます。

J2は儚さも寂しさもあります。全員が国民に知られている選手ではもちろんありませんが、彼らのサッカーを応援したくなるのはなぜでしょう？　一緒にいろいろなわくわくを体験させてもらえるからでしょうか。

もちろん、ラジオもお笑いも演劇も。それらは好きになってからずーっと昔からずっとずっと好きです。狭い範囲の偏ったことを好きになりがちな僕は、トイレも掃除もラジオもお笑いも、全部を仕事にしていくことになります。いいんだか悪いんだかわかりませんが。僕が生きていくエネルギー源になりうるのは、それらしか見当たらなかったとも言えるのかもしれません。

僕が多くのものを諦めてしまった先にあったのは、これらの「好きなもの」への「熱」だったと思います。

そして、好きなことがことごとく仕事になっています。

本人たちにそのモチベーションがある前提になりますが、「好きな人たち×好きな媒体（ラジオ）」という掛け算は想像がしやすいですし、「形になると面白そう」だと思える瞬間です。アイデアを出したり企画を出したりするのってお金がかからないんですよね。しかも、立場的には僕の話を熱心に聞いてくれて、「一緒に組みたい」と言ってくれる制作者も山ほど出現している状況。これは企画案を出さない手はありません。

SNSで好きなものに関して発信したことが、仕事に繋がった場合もあります。誰にどう思われようと好きなものは自信を持って発信、表現していくことも大事なのでしょう。大好きなくるりの岸田繁さんとたまたま大好きな「トイレ」という共通の趣味ができて、最初にその話で盛り上がったのは「Twitter 上だったりもします。

人は思っているより僕のことなんて注目していなかったりするので、好きなことを発信することに躊躇なく、ブレーキを踏まないほうがいずれ何かになるのかなと思っています。万が一、誰かしらに「何こいつ」と思われたとしても、そういった層の人とはそもそも気が合わないので、そこを気にしていたら発信なんてしていられないというか。

誰かにどう思われるかなんて操作できません。だから、好きなものに対してはピュアでいいのだと思います。

スターだけが「成功者」ではない

「お笑いを辞めようと思ったことはありますか？」と、ときどきアンケートで聞かれることがあります。

奇をてらっているわけでもなく普通に聞いてほしいんですが、僕は別にもう、芸能関係の仕事はいつ全てが終わってもいいです。正直に言うと「収入源が確保されて家族が生きていけさえすれば」という条件付きですが。

ありがたいことに作家の仕事を多くいただき、毎日楽しい人たちと楽しい仕事をさせてもらっています。感謝しかありません。ですので、依頼した方が「佐藤に頼んでよかった」と思ってもらえるまでは仕事をやり通したいとは思っています。

自分に向いてるとか向いてないとかは、自分では判断できません。**「向いてると思うから任せる」と思うのは他人です。**他人の目こそ、自分の向き不向きを判断してくれます。**他人の目を信じているからこそ、周りには面白い人にいてほしい。**そう思うのです。

お笑いも作家の仕事も、別に自己実現とか夢とか希望を持ってやっているわけではなく、ウイニングランならぬルージングランで、声をかけていただいた仕事を精一杯やっているだけなので、依頼が来なくなったら終わりです。地元で仕事を探すしかない。それも悪くないなと。

芸能の仕事はセンス・経験値・人間性で、選ばれし人のみがやっていい職業だと考えています。プロスポーツ選手もみんな、地元のスターから怪我なく続けられた人がプロになり、さらにそこで結果を出せた人が日本代表になったり、世界で活躍したりするものです。

一方で、そこまでの過程でやめたり、カテゴリーを下げたり、働きながら続けたり…、いわゆる第一線で活躍する人以外にも、それぞれにドラマがあるはずじゃないですか。僕は、そこの「途中で何かしら方向転換した人」や「怪我が続いて思ったような結果を出せなかったけど、今は育成に力を入れてる人」も成功だと思っているんです。

勝負の世界なので、ど真ん中で王道の活躍のみが成功だと思われがちですが、全くそんなことはない。その「何かになれなかった瞬間」こそが、その人を強く、そして本物にしている瞬間だと思っています。

例えばサッカー選手になりたくてサッカーを始めて、いきなり頭角を現して「神童」と呼ばれて地元の有名人になり、セレクションでユースに入って全国大会で優勝したけれど、プロにはなれず大学でサッカーは続けて、地元企業に就職して、地域サッカーのコーチをしながら趣味でサッカーを続けている人の人生。

これ、すごく狭い一側面から見ると「プロになれなかった人の話」ですけど、そんな経験をした人が地元の地域で少年サッカーの育成をしていたら、彼にしか伝えられないことが山ほどあると思いませんか？

本人にもきっといろいろと悔しい想いはあるけれど、それらを乗り越えて今を生きてるとしたら、この人生を誰が悲しい話だと思いますか？

最高じゃないですか。

プロになれなかったり失敗したりした瞬間は、近視眼的に見ると上手くはいかなかったんでしょう。でもその経験を積んだという事実は大きいですよね。

僕はお笑い芸人を始めて、スターにはなれませんでした。それに対して誰がどう思うかはこっちでコントロールできないのでどうでもいいんですが、僕は僕でまあまあ生きております。生きてこられたので、生きてます。

僕が今、こうして生活できているのは僕の適性に合わせて仕事をふってくださる方がいたからです。仕事をいただけているうちはまだやっていい時期。いつやめることになっても仕方ない。オファーが来る間は精一杯、やってみます。

ちなみに、自分のお笑いの才能と向き合いつつ、どう生きていこうか悩んでいた時代もありました。

僕はテレビでの活躍が難しいと判断したときに、結局原点回帰で「作品を作って、ゆっくり好きな人に見せていく」という、ジョビジョバやバナナマンの単独ライブに通い詰めたあの頃の自分と向き合いました。テレビで活躍できるかどうかは、その先のまた別の話で、まずは「自分が作ってみたいお笑いを作る」ことを意識し、演劇の舞台に挑戦したり、演技、発声のワークショック、劇作家さんのワークショップなどにも通うようになりました。

そこで僕が出した一つの結論は「自然体で仕事をする」です。

要は、自分の範疇にないことをしようとするから身体が歪むわけで。「持ち合わせた素養から、伸ばせるところだけ伸ばしたらいいのでは？」と考え、いつか開催したい「劇公演」に向けてさまざまなワークショップに足を運んだのでした。

「自然体で生きる」という点で憧れていたのは、オアシズの大久保佳代子さんです。大久保さんはかつて「ＯＬ兼芸人」という謎のスタンスで、全く焦る様子も見せず、ただただ自分が面白いことに挑戦している印象でした。後にテレビスターになるわけですが、当時はテレビ出演もそこまで多くなく。

僕が主催した即興コントライブに、大久保さんに出ていただいたのですが、ライブの前後でとにかく大久保さんに相談しまくっていました。

「なぜ今のスタンスにたどり着いたのか？」

ご本人がそのときの話を覚えてくださっているか確認したこともないですが、僕はあのときの経験は、一生忘れられないものになっています。

何より一番印象的だったのは、即興コントライブで爆笑をかっさらったあと、楽屋に戻ってきた一言目が「あ～面白くなりたい」だったこと。かっこよすぎるだろ！　と。でも本当にそこだったのだと思います。

どんな立場でどんな状況でも「面白くなりたい！」が原動力になる。そこを教えてくれたのは間違いなく大久保さんでした。

（大久保さん、お元気でしょうか。またご相談させてください！）

やっと認められるようになった自分自身

自己評価は低いほうだと思います。謙虚だとか物腰が柔らかいとか言われるけれど、そんなものは見た目の印象から派生されたそれで、僕自身は全くそうは思わないです。

僕のことを確実に評価してくれてるのは若林君とあと妻くらい。春日もそうか？　あとは仕事をふってくださる皆さん。

若林君に関しては僕がもっともっと何者でもない頃からネタ作りの雑談相手に呼んでくれて。「M‐1」でブレイクする前も後もずっと今もその関係が続いてるのは、アイデアベースというよりは雑談相手ということでも、何かしらの評価なんだろうなとも思ったり。あと、彼はちゃんと言葉にする人なので、大きな仕事をしたときは「そろそろ自分のことを認めてあげてもいいんじゃない？」と何度も声をかけてくれます。「まあそうなのかもしれない、何しろ若林君が言うならそうなのか…」とも思ったり。

僕の性格も手に取るようにわかるからなのだろうけれど、いろいろ抜きにしても僕を一番頼りにしてくれているのは彼でしょう。あれだけ活躍している才能の塊みたいな人が頼ってくれるということは、まあ、なんか僕にも力があるんでしょうと思うしかない。となると、もうしばらく彼には活躍を続けてもらうしかないですね（笑）。

妻に関しては、やっぱり結婚してくれたということは、一応ちゃんと仕事はできると思ってくれたことかと。お金がない時期もあったけれど、そこを耐えてくれたのはその先に希望が見えたからじゃないですか。そこを信じてもらえた歴史ってやっぱりでかいですよね。

こんな僕でも「ああ、これはいい仕事したな」と思うときはあります。収録で良かった回や、体力的にも精神的にも追い込まれながらものづくりをできたとき。

基本的には毎日毎日反省して終わってるだけの日々ですが、年1、年2くらいで「良かったな」と思う日が、実はあります。そのときは「今日くらいは自分のことを褒めてあげよう。ケーキ買って帰ろう」とも思うわけです。一応家族の分まで買って。どんな時間だろうが、体調がどうだろうが、買って食べたりします。とはいえ、そうそうこんな日はないのでそう思えたときはよっぽどなんだろうな。

僕が関わってる仕事は「具体的に何をしていたか」言えなかったりわからないほうが良かったりすることが多いので、苦労が世に出ず、誰にも伝わらないまま終わったりします。

例えば今日僕が死ぬとして。僕が携わった何かしらをあけっぴろげに言うかと言われたら、言わずに死んでいくと思うんですよね。こういう人間だから仕事をいただいたのだとも思うし。実際それでいい、伝わらなくていいと思っているわけです。「オードリーＡＮＮ」の武道館ライブもそうだったし、「たりないふたり」のときもそうだったかもしれない。

そんなときに、そっと「ケーキ買って帰るか」と。改めて振り返るとき、「おそらく誰も気が付いてないのだけど、僕がいなかったら成立してないな〜」という箇所が、ひいき目に見ても３、４か所あったりすると、ケーキを買って帰ってる気がします。このくらいの贅沢、してもいいですよね？（ちなみにケーキじゃなくて、ハーゲンダッツのときもあります。どっちでもいいでしょうけど（笑））。

僕が何をしていたのか？　この本を読んで初めてわかることも多いと思いますし、結局よく分からないことも多いと思います。若林君曰く「暗躍」していることが多いらしく。

僕が絡んでる番組で、実際どんなことをしているのか、作品ができ上がる際にはそんなことはどうだっていいわけです。となると、**良い仕事したなと思った日くらいは、自分くらいは自分を褒めてあげてもいいのかも。もうケーキ買って食べるしかないです。**そして、それを何も言わずに何も聞かずに一緒に食べてくれる妻と、そして息子の存在はまあ大きいです。

活動の原動力

家族がいなかったらこんなに仕事をしていられないなとよく思います。

世の中の人は「知名度＝人気＝収入＝時間のなさ」だと思っている人も多いので、知名度も人気もなく、売れている芸人と比べたら収入も圧倒的に低い僕は結構暇だと思われがちなのですが、体感的にはまあ忙しいです。一人暮らしだったら「もう狭いアパートでいいか、何なら風呂なしでもいいか」と思ってしまうような人間なので、きっと今より仕事をしていないと思います。

妻に関しては、僕みたいな人間と結婚してしまったことを後悔させてはいけないし、最低限の生活はしてほしいわけです。家を買って（町田の建売だけど）、僕の車を買って（コンパクトカーだけど）、妻の車を買って（軽自動車だけど）、一応、買いたいと思ったものは買えるようなシステムにして…。それでも妻がどう思っているかなんてわかったものじゃないのですが。子どもにだってそう。習い事に行きたいといえば行かせる。欲しいものもお金が理由で買えないなんてことはないように（適度に）買い与えて。「港区のタワマンに住みたい」「ブランドもので着飾りたい」「なるべく高い家具を買いそろえて、生活感のない家に住みたい」なんて言い出さない妻だから結婚したんだと思います。

僕らは町田の建売に住んでいて、すごく幸せです。少なくとも僕は。それは誰かにとっては「地味」に見えたり「なんでそんな郊外…」と思われることもあるんでしょう。ただ、それは人の目線なので、どう思われようとそれはコントロールはできないところ。僕自身がこれでいいと思えたら、いいわけです。僕はいいのですが、妻、そして息子が「うちでよかった」と思えるかどうかは大事にしています。

妻とは本当に結婚して良かったと思います。

結婚当初、お金も全然ないけど子育てはしないといけないし、仕事も忙しくなりたてで時間もない。けどお金もそんなに回ってこない時期に、文句一つ言わないでついてきてくれたし。今ある程度自由に使えるお金があっても、基本、僕や環境に感謝してばっかりでお金は使う気配はないし。「お金はこのくらいでいい。子どもが元気に育つことが一番」という感覚が僕と同じなのだと思います。なので、ひとまず**妻と息子が「やりたいことを自由にできる」だけの環境とお金を作るのが僕の今の生きる目的です。**

そんな家族と過ごす時間は、僕にとってかけがえのないもの。もちろん家でゆっくりするのもいいのですが、年に数回、家族と一緒に旅行に行くことを楽しみにしています。夏休みに行く熱海の花火。年末に行くペット可の温泉付きのホテル。急に休みができた金曜土曜に急遽行く旅行。「次どこに行く？」「〇〇が良さそうじゃない？」と妻と子と話をしている時間も含めて、最高にわくわくする時間。行ったら行ったで、現場でPCを開いて仕事をしてしまうのだけど、それ以上の刺激と、家族と24時間以上常に一緒に過ごすことができる貴重な時間と、その旅行に自由に行く財力を蓄えるため、僕は仕事を頑張るのです。

必ずしも自分のためだけに頑張ることが原動力じゃなくてもいいと思うんです。よく聞く話で「やりたいことが見つからない」とか「どんな仕事をしていいかわからない」という人も多いと思うのですが、別にそれって全ての主語が「自分」じゃなくてもいいのかなと、そう感じています。

ということで、少なくとも子どもが20歳になるまで、あと10年くらいはとにかくいただいた仕事を精一杯、収入にもしっかりこだわって働くんだと思います。それ以降はもう、地元でゆっくりするのが夢です。**別に誰かに賞賛されて有名人になりたいみたいなことではなく、なんとなく愛すべき皆さんと腹を抱えて笑っていられたらいいなと。**芸能の仕事もやめちゃっていてもいいとすら思えているわけです。「芸能の仕事で旗を立てて、とにかく超有名人になってほしい」と言いだす妻じゃなくて良かった。本当に。

トイレのイメージを変えたい

トイレにいる時間が大好きです。

大好きなものを調べて研究するようになって、トイレに関するお仕事もいただくようになりました。調べれば調べるほど、トイレの抱える問題にぶつかり、なんとか対処できないか？　毎日考える日々です。

そもそも僕は、小中学校の頃からずっとお腹が弱くて、友達も多い方ではなかったので、トイレにいる割と時間が長いタイプだったんです。大人になってからも、大部屋の楽屋にいられずにライブ会場のトイレにいたりすることもあって。

そんな中、2002年に「ウォシュレット」を取り上げたテレビ番組を見て、僕の好きなトイレという場所の革命的な商品が、こんなドラマチックにできあがったんだということに感動したのが、トイレに深く興味を持ったきっかけです。

そこからトイレの歴史や文化、掃除方法についても勉強するように。掃除全般に言えますが、トイレ掃除の方法って習わないじゃないですか。でも正しい方法が必ずあるはずで。それを知りたいと思っていたとき、トイレ掃除の専門会社アメニティの現社長と出会ったんです。そこがターニングポイントになって、２００８年から2年間くらい、その会社に修業みたいな形で通っていました。現場に連れて行ってもらってプロの掃除術を学び、自分なりに解釈して現在の活動につながっています。

究極の目標は、小学校でトイレに行くとからかわれるという、根強くある悪しき風潮をなくすこと。これは明らかに大人の責任で、トイレの話をすることをタブー視したり、トイレ掃除を罰ゲームのように扱ったり、そういう状況を1日でも早く打破しなければと思っています。

親になったことも〝便育〟を考える大きなきっかけでした。現在10歳の息子が小学生の間に問題が解決できなかったとしても、未来の子どもたちのためにトイレの話にフタをせず、水に流さず、エンタテインメントを通してどんどん発信していきたいですね。

ここまで、トイレに関する本を4冊ほど出版し、トイレに関する歌を歌うバンド「サトミツ&ザ・トイレッツ」ではCDをリリースし、全国の幼稚園・保育園でトイレの魅力を語るイベントを開催しています。

もちろん、トイレに関するその「熱」を信じた結果なのですが、狭いジャンルでも**「熱」が本物ならば、その道の第一人者になれるのだと振り返るとそう思えるのです。**

芸能界的に言うと競合がいなかったのも大きかったと思います。狭い狭い小さな山に旗を立てることができたのは、ラッキーなことではありますが、どんなに狭い、誰からもわかってもらえないようなことでも、「探究」の手を止めなかったこと！ そのときはしばらくいろんなことを言われるものですが、好きなことに対してはピュアでい続ければ必ず道は開けるのだなと、そう思いました。

トイレに関する活動は収入が確保されるものではないのに、時間をかなり費やしています。ただ、トイレに関して世の中の人がもっと興味を持ってくれたらいいし、小学生が明るく楽しくトイレに行けるような空気になってほしい。いつまでたってもトイレ掃除が罰ゲームみたいな扱いをされるのが嫌なんです。

トイレを好きになって、僕が死ぬまでにどれだけやれるかわかりませんが、トイレの楽しさ、大切さをしっかり伝えられる人になりたいと思います。

トイレの諸問題を音楽で解決するバンド「サトミツ&ザ・トイレッツ」を結成して数年。時間があれば小学校や幼稚園でトイレについての歌を歌いに行っています。

元くるりの森さん、GOMES THE HITMAN の山田稔明さん、キンモクセイの伊藤俊吾さんと佐々木良さん、元ゲントウキの伊藤さんと僕というメンバー編成も最高。音楽や講演会や掃除、テレビ出演など、あらゆる形でトイレのことを語っていきたいと思います。

無名でも「いいもの」はある

昔から音楽を聴くことは当たり前の日常で、それが今もずっと続いているので、お笑いやラジオとは違って、それを仕事にしようとは全く思いませんでした。ラジオ番組をやっていて、結果的に仕事にはなっているんですけど、それも感覚的には日常の延長というか。子どもの頃、カセットテープを使ってやっていた「架空のオリジナルラジオ番組作り」という遊びを、大人になって地上波でやらせてもらっている感覚。

ラジオでは自分が本当にいいと思ったものを、自分の言葉で伝えることを大事にしています。僕自身がラジオでかかっていた曲にすごく救われた人生だったので、そういう出会いの場になってくれたらすごく嬉しいです。

現在放送しているInterFM「佐藤満春のジャマしないラジオ」という番組が始まる前に、5年間bayfmで「ON8+1」というバラエティ&音楽番組を担当しておりました。「ジャマしないラジオ」と似ていますが、新譜を中心に僕が気になる曲をかけるということをコンセプトでお送りしていた番組です。

その番組が終わることになり、新たな基地を探すべくYouTubeなどに手を出そうとおもっていた頃、ちょうどそのタイミングでInterFMで枠の募集があることを作家の飯塚君に教えてもらいました。全くのノーギャラ、しかもディレクターもこっちで探して連れていくという厳しい条件でしたが、それでもやるべきなんじゃないかと思い、一晩で企画書を出したら即通って。予算が1円もない中、「ON8+1」を一緒に作っていたディレクターの野村さんに頭を下げて、何か月かノーギャラで手伝っていただき。そこで知り合ったInterFMの松井さんも手厚く番組のことを考えてくださったり。ミキサーのサカイさんも楽しく、ジャマラジを盛り上げてくれました。今では提供もついて、関わってくれている人全員の仕事になっていますが、InterFMは邦楽のCDが全然ないので、音源はいまだに自分で用意してます。そうなると必然的に、僕のCDラックにあるものをかけることになるっていう、変な番組ですよね（笑）。そんなだから仕事の場としてはそんなに考えていないというか、中高時代にカセットテープで作ってたラジオに近いんですよね。もちろん、オールナイトニッポンのような超有名番組でも人気番組でもありません。

有名であることが正義のように思われる芸能の世界。ある種のその物差しは確かにあるんだけど、でも必ずしもそうじゃない。知ってるか知らないかを是非の判断軸にしないほうがいいとずっと思っています。**番組においては、「有名かどうか」よりも本当にいいも**

のをお届けする意識でいます。

メジャーなものを否定するつもりはないです。多くの人に届くということは、それだけのクオリティー、才能、実力と、愛の証明であることは間違いないので。でも、無名なものの中にもいいものはたくさんあります。

僕がやっているトイレのバンド「サトミツ＆ザ・トイレッツ」のメンバーには、GOMES THE HITMAN の山田さん、キンモクセイの伊藤俊吾さんと佐々木さんがいて、今はそれぞれインディペンデントで活動をしています。GOMES THE HITMAN は何十万枚売れるバンドではないかもしれませんが、作り続けているアルバムはずっとかっこいいです。キンモクセイもそう。ヒットチャートには入っていなくても、優れたミュージシャンは山ほどいる。そういう人たちが現役で曲を作り続けているのは、僕にとってすごく大きいことです。

僕自身も「劇、佐藤満春」という公演を、自分で台本を書いて、100~200人くらいの小さな劇場で数回公演を開催してます。それが将来数万人キャパでできるかっていうと、そんなことはないんです。きっとこのくらいのキャパでずっとやっていく。でもそれが無価値かというとそんなことはなくて。僕にとっても、来てくれる人にとっても意味があるはずで、そこの価値みたいなものはしっかりと届けたい。全員が数千人・数万人収容する大掛かりなものを目指さなきゃいけない、目指せるわけではないというか。**国民全員が知る人にならなくてもいい表現活動っていうのがあると思うんです。**

「劇、佐藤満春」は、初期の頃から普段からお世話になっている双津Dが映像関係を担当してくれたり、伊藤カヅヒロさんが丁寧なイラストを描いてくださったり、僕の熱を感じて様々な協力者も現れました。ありがたい話です。そんな仲間といいものを作ることは何事にも代えがたい時間でもあります。

仕事で関わる方たちには、第一線で活躍するスターも多いです。才能だけではなく相当な努力を怠らない、その姿に感動させられっぱなしです。でも、そういった人はやはり特別で、誰もがなれるものではない。だからスターだし、みんなを元気に出来るのだと思います。出演者としての自分を考えたとき、僕にはそんな能力もスター性もないので、大規模な作品に関わるときは精一杯裏方に回ることが多いです。なので、両方の良さがわかるというか。

100人のキャパでも、その100人が「明日も生きよう」と思えたらいいわけで、それは音楽でもお笑いでもなんだってそう。自分自身がそういう活動をしているからこそ、同じような活動をしている人に興味があるし、応援したいと思うんですよね。

日向坂46愛

地元の友人に30年ぶりくらいに会いました。中学卒業以来です。彼は一緒にサッカーをやっていた仲間で、SNSで僕の活動を追ってくれていたそうです。

その彼は、会うなり僕に「ラジオ聴いてるよ」「掃除のロケ見たよ」と感想を語ってくれたのですが、最後に「ラジオ聴いていたら、満春が若いアイドルの子と仲良さそうにしゃべっていて、なんか嫉妬しちゃったよ」と熱弁され…。ああ、アイドルグループは僕らの地元の層にもしっかり刺さってるのだなと思ったところ、「地元の満春が若い子と楽しそうにしていて悔しかった。俺たちのほうが満春の良さを知ってるから」と、割と本気で語っていたのを聞いて、なんだか嬉しくもあり微笑ましくもあり、にやにや笑ってしまったことがありました。

オードリーがMCをやっているテレビ番組「ひらがな推し」(※現「日向坂で会いましょう」)で、バンジージャンプのロケに立ち会った日から、日向坂46というグループのファンになりました。「推し活」なんて言葉で表現していいのかわかりませんが、彼女たちの飛躍を励みに、仕事を、私生活を、頑張っていく活力をいただいています。お仕事でご一緒させていただいたり、ライブを見に行ったりすることも。

何が魅力なのか。言語化したことはなかったのですが、やっぱり純度の高くないものもたくさん見てきたこの芸能界において、「こんなにピュアに夢に向かっている人がいるのか!!」という衝撃。一番はそこじゃないでしょうか。

僕はアイドル全般に詳しいわけではないのですが、ここまではっきりと明確な下積み時代を経て、羽ばたいていく姿を隣で見させていただけたのは貴重な経験でした。そこまで初期から知っているわけではありませんし、グループの歴史もメンバーの皆さんのことも特別詳しいわけではありません。それでも東京ドームに向かうまでの過程は心を打たれましたし、とってもドラマチックだったように思います。

そのファーストインパクトとなったバンジージャンプロケでは、バンジーに挑戦することになったメンバーの皆さんが、励ましあいながら跳ぶ瞬間を迎え、「自分」を乗り越えて「メンバーファースト」で跳んでいきます。勢いをつけるために最初に手をあげてメンバーにその姿を見せるキャプテン、佐々木久美さん。とっても苦手なのに小さな縁石から何度もシミュレーションをしてついに跳ぶことに成功した齊藤京子さん。綺麗なフォームで跳んで拍手喝采。直後のインタビューではモノマネで現場を盛り上げてくれた松田好花さん。そして僕にメンバー1人1人のいいところを教えてくれた、もう卒業された井口眞緒さん（笑）。長時間のロケはカメラの回っている回っていないの境目がなくなる瞬間がたくさんあるのですが、その全てにおいて皆さんの絆を感じた日となりました。いや、これもう泣いていいでしょ。

ロケにお邪魔する度にそういった状況を目にするので本当にどうしたらあんないい子たちが育つのか知りたくなるほど。勝手に遠い親戚のおじさんの目線ですが、「応援したくなる何か」が彼女たちにはあるのでしょう。ピュアの塊のような何か。そこで元気をいただいた分、僕は僕で仕事を頑張ろうと思う毎日です。子どもが生まれて涙もろくなったように、彼女たちの一挙手一投足全てが感動のトリガーになり、わけのわからないタイミングで泣いてしまい、ご迷惑をおかけすることもあります（笑）。

アイドルという職業はファンタジーでもあるので、彼女たちと本音で話すようなタイミングはもっともっと先になるとは思うのですが、その時を楽しみにしています。

僕はラジオが好きなので「ラジオをやりたい」メンバーは特に！！！　注目しているところがあって。松田好花さんは思考的にも「日向坂で会いましょう」においても、放送作家型と呼ばれることがあって、いつの間にか「佐藤満春の一番弟子」というポジションにいてくれてます。勝手に僕もそう呼ばせてもらったり。オードリーのラジオのリスナーでもあることから、自然と感覚的には近くにいる人でした。

2021年に始まったラジオ番組「松田好花の日向坂高校放送部」の、元となる企画案を最初に出したのは2年ほど前。彼女にはニッポン放送でラジオをやってほしいと（勝手に）思っていたこともあったし、「ラジオを好きすぎてリスナーの時間が長くなると始めるのが難しくなる」という僕の持論から考えて、いち早くしゃべる側の人になってほしかったんですね。

松田さんは好きなものに対して実直で、真っすぐなところがすごく魅力的だと思います。繊細な部分があるのに、しっかりした芯の強さもあり。様々な経験を糧に、楽しく大きく羽ばたいてほしいなと思っています。あの長期休養の時期は、それはそれは辛い時期だったと思うのですが、彼女がさらにスターになり、さらに人に愛されるために必要な時間…だったのかもしれません。若林君や春日を見ていても、そういうタイミングがあったので。どうしてもスターにはそういうことが起きるもんなんだよなあ、と。

すごくいいなと思ったのは、彼女が休養明けの収録の時に、A4の紙にびっしり埋め尽くされた新コーナー案と自分の反省点とアイデアの種を持参してくれました。真剣な顔でそれらをプレゼンしてくれて、「あー！　素敵！　最高！」と何度も思った記憶。番組は順調で好評なのですが、番組と向き合うタイミングにおいて、自分の意思や意図をちゃんと伝えてくれたのがとても嬉しかったんです。信頼関係って目に見えないから、そう主張してても大丈夫だと思ってもらえた時点でとても嬉しく。そして考えてくれたコーナーもお見事で、さすが一番弟子なのだなと。

僕が十数年ラジオを制作する仕事をしてきて、番組のことを1から考えて新コーナー案を持ってきたパーソナリティは松田好花ただ1人です。あの日は嬉しかったなあ。これぞまさに佐藤満春の一番弟子という言葉を体現するムーブ。今後も素敵なラジオをとにかく楽しんでください。

あとは潮紗理菜さん。ラジオに向いていて、ご本人もラジオを好きだと言っていたので、「潮さんの番組がどこかで始まるといいな」と思って企画を出し続けてます。潮さんは特に近年、人間味・人間力が溢れまくっていて、そこに存在するだけで周囲を全て巻き込んでいけるパワーがあるので、ラジオでもその魅力がたくさん伝わるでしょう。いつの日か！　縁があれば急にやってくるものなので、落ちていないか探ります。

京子さんは「キョコロヒー」でお世話になっていて、あの子もすごく変なところがあるけれど、ちゃんと自分の夢は明確にあって、そこに向かって突き進むパワーには魅了されるしかありませんでした。

僕が京子さんのことを好きな理由は、「仕事後はいち早く帰る、今日もすぐ帰りたい」と明言すること。最高。僕もそうだから。

1人ずつ書き出したら別の本になってしまうのでここで終わらせますが、日向坂46の皆さんにも感謝しかありません。

ともかく、皆様どうか健康で！　これからもどうぞよろしくお願いします。

そしてもちろん、そのきっかけをくれた「日向坂で会いましょう」のスタッフさん達にも大感謝です、なんかついでになってしまったけど…。

日々起きる嫌なこととはこう向き合う

ここ数年特に意識している習慣。

これによって何かの気づきになったかどうかはさておき**「嫌だな、なんか嫌だな」と思ったことはなるべく言語化してメモしておくようにしています。**

最近で言うと、再現ドラマの脚本を依頼されまして。事前打ち合わせの通りに書いて持っていったら、打ち合わせと真逆のことを言われて、割と強めのダメ出しを受けたとか。まあまあ具体的に。

この例で言うと、「前回と言ってることが真逆」という事実に関しての不信感だと思います。ただ、ここに僕に落ち度があるとしたらそこの可能性も含めて別案を持っていくべきだったのかもしれません。

自分の無意識の感情（熱）を信じて行動すると同時に、ネガな感情も大事にするべきだと思います。だから、「嫌だな」と思えたときもチャンスだと。「嫌だな」と思うことって、人間的にそうそう変わらないじゃないですか？　それならなるべく原因を見つけて、そういった事象と関わらないほうがいいと思うんです。

ただ！　先ほどの例を別の角度から分析すると「自分のプライドが高いせいで、確かなダメ出しを拒否してしまっていた」という結論に至ることもあります。

また、「前回と言ってることが違う」なんていう事象とはとんでもない確率で遭遇することが多いので、そもそも「それを考慮した上で修正稿を出すべきだった」のかもしれない。にも関わらず「嫌だな」と思ったということは実は「まさか、番組演出よりも自分のほうが出来る人間だと過信していたのではないか？」とも考えられます。

究極に自分を追い込んで考えると、高いプライドを持っていたが故に、自分が相手を見下して勝手に「嫌だ」と思った可能性も考えられるんですよね。

このようにある程度自分を俯瞰で見る目を持つといろんな視野で考えることが出来ます。

プライドが高い人ほど、他者からのダメ出しやアドバイスを直視できない人が多いように感じています。そしてプライドが高い人ほど、「プライドが高い」ことに自覚がありません。

今「なんか嫌だな」と思った方、ぜひメモをしておいてください。

仕事が増えた

生活が安定しはじめたのは「スッキリ」の仕事が帯になってからなので、ここ8年くらいかな。4年前くらいに担当番組が10本を超えたあたりからは特に、一切お金の心配をしなくなりました。

なんでこんなに仕事が増えたのか、僕は全く理由がわかりません。どこかの章にも書いたのですが、**とにかく向いてることに対してアクセルを踏み、向いてないことを早めに諦めた結果ではあるはず。**

今回、もう少し冷静に分析してみようと思います。

まず1つ目。**僕は早いうちに「向いてることと向いてないこと」について考えていたから**だと思います。45歳になって、今も「芸能界のど真ん中に！」と思って活動していたと思うとぞっとする。ぞっとするけど、ファンの人が応援したいのはそういう人なんですよね。純粋無垢にバカみたいに青春しながら、お金がないながらに賞レースで青春してる人が見たいんです。僕はそこにうまくのれなかったから、そういった層の応援は諦めるしかなかったと思います。その代わり、合理的に自分のできる自分に向いてる仕事にたどり着きました。

2つ目。**自分のことをよくわかってくれそうな人とは積極的に連絡をとる**、です。

結局、数人しかいないんだから、連絡するんです。若林君はもちろん、最近だといきものがかりの水野良樹さんもそうでしょう。話が合わない人が多い分、話が合う人には積極的に連絡をして相談しています。

逆に話が合わなさそうな人とは一切連絡をとりません。つまり話が合わなさそうな人が圧倒的に多い中で、気が合う人としかほぼ話をしてこなかったんです。「合わない人と話して見識を広げよう」みたいな風潮は嫌いです（笑）。それで成功した人も多いのでしょうし、実際そうなのかもしれないけど。

若林君はいち早く僕の特性を言語化して僕に伝えてくれた恩人です。トイレが好きだということで「それを人に話せるようになったほうがいい」とアドバイスをくれたのも若林君だったり。

僕がやっていたことはそのくらい。

「誰がなんのために僕にこの仕事を依頼してきたのか」

絶対、依頼してくれた人の期待には応えたいじゃないですか。モチベーションを支えてくれるのはその1人の声だったりします。僕がやっているのは、評価が全くついてこない、人の目にはつかない仕事。だけど、それで全然OKで、声をあげて「誰か！　俺を見てくれ！」なんて全く思いません。

サッカーで例えるとしたら、足の速い選手がインターセプトしてカウンターでゴールが決まったとして。ダイジェストで流れるのは、そのインターセプトの数秒前からゴールシーンまでです。僕の仕事は、インターセプトをする前にインターセプトをしやすい環境にするべく、猛烈にプレスをかけている状態。ただ、そのプレスのかけ方の妙なんてものは、相当な人じゃないとわからなかったりします。

でも、結局ゴールにつながったとしたらそれでいい。「あいつ、ちゃんと足を止めずに効果的にプレスかけてたな」と感じられる人なんて、そう多くいるわけないんです。そこまでちゃんと見てくれてるような人には伝わってるわけだし、逆に言うとそこを見てくれてる人とは気が合うのでしょうから、わかる人はわかるのだと思います。

僕はこれからもプレスで追い、ストライカーが走り込みやすいようなスペースを作るのでしょうね。知らない間に、誰に言うわけでもなく、やっていくのでしょう。

運と縁

僕が口癖のように言う言葉。

何かの道に進もうと思ったとき、「運と縁があれば自然と向かっていける」。逆に言うと、そこがないところには向かっていかない。

僕がラジオの仕事をするようになったきっかけは、間違いなく「オードリーANN」が始まったことと、そこに藤井青銅先生がいらっしゃったこと。そして、最初のスタッフさんが僕を受け入れてくれたこと。

ラジオが好きでこの業界に足を踏み入れ、たまたま仲良くなった友人がANNを担当することになり、放送局までついていかせてもらって、そこでラジオを聴きはじめたきっかけになった番組の作家の方に出会って、番組スタッフになる。非常に地味ではありますが、僕の身に起こったことを考えると「運がよかった、そしてそこに縁があったから転がっていった」、それに尽きると思います。

作家の仕事を探していた頃、ネットで「放送作家　募集」と検索して出てきた制作会社に資料を送ったことがあります。その時返信をくれた社長とお話させてもらい、bayfm「Withyou」という昼の番組の構成の仕事を実際いただくことになりました。これも既に強運なわけですが…。

その番組が1年で終わると聞かされ、また探さないといけないなと思っていた時、局員の方から「今、夜の番組のオーディションをやってるから、もし時間あれば参加しちゃえば」と言われて勝手にオーディションに参加し、奇跡的に合格を勝ち取ることになったのです。それがbayfm「佐藤満春の火曜ON8+1」でした。

その番組も5年ほどで終わりましたが、いろいろとご縁があって、同じディレクターさんと今InterFMで番組をやっています。これ、もうラッキーとしかいいようがない流れでしょ？

これまでの人生を振り返って思うのは、**「夢に向かって努力するのはもちろんだけど、そのとき精一杯やれることをやったとしたら、もうあとは運と縁があるところに自然に転がっていくもんだなあ」**ということです。

僕は元来とても真面目なので、目の前にある課題に精一杯取り組むことは怠りません。

センスがないのは仕方ないとして、ない頭で精一杯アイデアを出すしかないんです。次、また声をかけてもらえるかどうかなんて、僕が決められることじゃない。

僕がやりたいことかどうかはさておき。向いていたら、縁があったら、運がよかったらちゃんと出来るんじゃないですかね。アイデア、企画案を出して、会議でジャッジされて採用されることもあるし、褒められることもその逆もあります。

「他者のジャッジ」は左右できない。

精一杯やって「違う」と思われたらそれまで。

出来ることはやりますけど、出来ないことは出来ません。所詮、僕なのだから。

Special Talk

特別対談

06

好きなもの、感覚が似ている2人の不思議な繋がりと現在

・

テレビ朝日

舟橋政宏

佐藤　舟橋さんはご挨拶させてもらったことはありましたが、「キョコロヒー」で初めてご一緒して。あれももう2年弱前ですか。

舟橋　そうですね。僕からしたらずっと存じ上げてるし、サトミツさんに作家として入ってもらうにはどうすればいいんだろうと、常に考えていましたね。

佐藤　僕はすごく閉鎖的な人間で、コミュニケーションを取る人も限られた人数しかいない。その中で、若林くんから「サトミツは、舟橋さんと絶対話が合うから」ってずっと言われてたんです。

舟橋　それがすごく嬉しかったですね、本当に。

佐藤　やっぱりその予感が当たっていたなというのを、「キョコロヒー」でご一緒させていただいて思ったんですよね。多分見てきたお笑いとか聞いてきた音楽が、相当近しいんですよね。

舟橋　方向性はだいぶ一緒だと思います。あと、僕がお世話になった人が「虎の門」のプロデューサーの藤井さんで…。

佐藤　僕を最初にテレビに出してくれた1人が藤井さん。

舟橋　僕、それこそ「虎の門」を見てテレ朝に入ってるんで。「虎の門」でオードリーさん、当時はまだナイスミドルを知りましたし。

佐藤　えぇ！　そうなんですね。

舟橋　意外と全部繋がってて。

佐藤　すごい、そうなんだ。面白いですね。

舟橋　この本に「出来すぎだ」っていうくだりがありますよね。僕もディレクターを続けているのは本当によくやってる、なんてたまに思うんです。本当に苦手なことだらけだけど、得意なものだけ大事にして、それだけで勝負するっていうところが理解

できるというか。

佐藤　そうなんですよ（笑）。

舟橋　すごいわかります。

佐藤　苦手なことを克服して、バランス良く全方位型のスーパースターに立ち向かおうという気がさらさらない。そういう意味でも舟橋さんと気が合いそうだと、勝手に思ったりしてました。

舟橋　僕、そもそも作家さんになるような方ならみんな好きなんです。皆さん話も合うし、好きで一緒にやってる方も何人もいる。その中でも、**サトミツさんはすごく相談しやすいですね。親身になって考えてくれているのもあるし、言っていることが感覚的にわかる**っていうのもあります。

佐藤　それはめちゃくちゃ嬉しいですね。

舟橋　作家さんに相談する時って、何かが上手くいかないからどうしようっていう場合が多いんですよね。計画していたのが駄目になっちゃって、「これどうする？」みたいなことを話すことが多いので、そういう時に、サトミツさんはその駄目な状況を楽しむ形にすることが得意なのかなという。それが自分のスタンスとも合っているから、相談しやすいんだろうなと思います。

佐藤　無意識にやっていたり考えたりするところが、舟橋さんとは繋がっているんでしょうね。そういう人とちゃんと出会って、一緒に仕事ができてるっていうのがすごく稀な例で。出会いとしてとても大事だと、改めて思いますね。

舟橋　前にサトミツさんと話したくて喫茶店に誘おうと思ったことがあったんですけど、僕の社交性が低くて無理でしたね（笑）。今度よろしくお願いします。

佐藤　ぜひ！

もっと他の番組も
作品も一緒に作りたい人。
今度こそ、
喫茶店行きましょう！

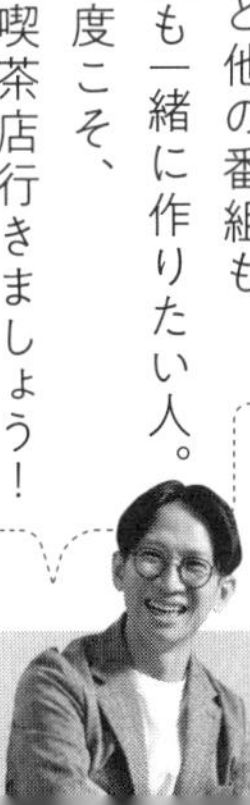

Special Talk

特別対談

07

作家の原点を作ってくれた異端のTV局員

・

日本テレビ

安島隆

佐藤　安島さんにご挨拶させてもらったのは、2011年頃だと思うんですけど、若林君から「潜在異色」のライブイベントを絶対見た方がいいよって誘われて。それを担当されていた安島さんのことも早い段階からお話を聞いていました。

安島　若林君に？

佐藤　はい。「紹介したい人が見つかった」って（笑）。若林君のそういう目を信用していて、彼が言うんだったら間違いないなと。「テレビ局の人でこんな人いるんだ」みたいな感じで安島さんのことを聞いていて、「潜在異色」もめちゃくちゃ面白くて。僕は当時もう、出役としてどうこうやるとかにはこだわらず、裏でも何でもいいから、面白いことをとにかくやりたくて、安島さんにご挨拶させてもらったっていうところだったんですよね。

安島　僕はテレビ局員としては上手くいってない方だから（笑）。

佐藤　そんなことはない（笑）。

安島　必ずしも王道じゃない。そういう意味では、僕もサトミツにすごいシンパシーを感じた。自分の立場を超えて。だから申し訳ないけど、最初はギャラなかったよね。

佐藤　そうでしたね。でも、安島さんのそのスタンスも含めて全部勉強になりました。自分の人格と何かを面白く仕上げることのバランスがすごい。それこそ今の活動にも全部繋がっていってるなって改めて思いますね。

安島　サトミツに「スッキリ」の総合演出を紹介したじゃない。

佐藤　そうですね。

安島　その時、総合演出の田中裕樹さんっていう方が、情報番組とか報道番組でやってこられた方なので、芸人さんとかバラエティというところとはちょっと遠かった。そういう遠いところでやっている作家さんを紹介してほしいって言われたんだよね。あと、一生懸命にやる人がいいんだよねと。その2つの条件でサーチかけたらサトミツが挙がった。

佐藤　本当にありがたいです。あれからいろいろと繋がって、今、レギュラー19本あるんですよ。

安島　ええ!?　売れすぎじゃないか？

佐藤　はい。それもスタートの原点が安島さんなんですよ。全部。

安島　でも確かに不思議。「スッキリ」の演出の方が「PON!」に異動になって、「スッキリ」も残しつつ「PON!」の仕事も増えてっていう感じだ。

佐藤　そうです。

安島　それはもう完全にサトミツの実力だと思うよ。

佐藤　あとは「スッキリ」で一緒にやっていた方に「ズムサタ」にも呼んでいただいて。

安島　え！「ズムサタ」も？　すごいね。日テレの朝を支える男じゃない（笑）。

佐藤　いつの間にか（笑）。

安島　いつの間にかお世話になってます（笑）。

“たぎっている”サトミツをなんとかしてあげたい

安島　サトミツっていつでもすごく安定したバイオリズムで生きてるかのように見えるけど、実は激情家じゃない？

佐藤　そうですかね（笑）。

安島　その頃のサトミツ、やっぱりたぎってたから（笑）。

佐藤　たぎってましたかね（笑）。

安島　「たりないふたり」で自分のクリエイティブな部分に火がついて、こういう仕事やれるぞっていうところもありつつ、ちゃんと作家として名刺作っていかなきゃいけないんだ！っていうことでたぎってたじゃない。自分では言わない人だけど。

佐藤　本当に勝負しなきゃいけないとは思っていました。「たりないふたり」で学んだことをちゃんと発揮できる場所を作ることと、あと数年で、放送作家としてもある程度結果を残さないといけないだろうなって思ってました。

安島　でもほら、そう言わないじゃない。「いや～安島さん、困ってんすよ」「家のローンもあって、ちょっとレギュラー欲しい」とか言わないでしょ（笑）。

佐藤　それは言えないですね、はい（笑）。

安島　俺マジでやりたい！　とかも言わないけど、顔が違うから。

佐藤　だから多分僕、テレビ局員でそういう仕事の話ができるのは、安島さんしかいないですよ。

安島　当時は特にね。この本に、サトミツが「たりないふたり」の稽古中みんなが話したことを打って台本をその場で作った話が書かれているじゃない？　自分では書きにくいと思うんだけど、ただ全部を打ってたはずはなくて、**僕も含めみんな好き勝手喋ったことを、1個の台本に構成していくわけだから、実質、作・演出サトミツなんだよ。**サトミツが打ったものを見返して、自分が提案したブロックが入っていなかったら、ああ、サトミツのセンサー的には残らなかったんだ、って思ってたもん。

佐藤　確かに、まあそうですね。

安島　この本の読者の方が、ただ打つんだったら、自分でもできるよって思われるかもしれない。でも、それは大きな間違いで、それを形に落とし込んでいくっていうことがすごく大事であって、それでサトミツが稽古にいなかった時に困ったっていうことだから。

佐藤　改めて聞くと、めちゃくちゃ嬉しいですね。

安島　そういうこと本に書けないでしょう（笑）。性格もあるから。

佐藤　絶対書けないです。

安島　いいのよ書いたって。1冊書いちゃったら、書く人になっていいんだって（笑）。

佐藤　ありがとうございます！

安島さんの
一言一言に
改めて救われました。
確かに自分で書けないよな
ということを
お話してもらいました

5

無個性と呼ばれた
僕だからこそ
伝えられること

無個性という名の個性とも呼べなくなさそうなそれ

芸能の仕事をしていると、「街で顔をさされることが正義」「有名になることが正義」という意識が、世の中にも制作側にも出演者側にも少なからずあると感じることも多く。僕は性格的にも目立つタイプではないし、モデル並みのスタイルでもない、超濃い顔でもないし、超絶太っているとかでもないし、何しろ「目立ちたくないな」と思うことも多いのです。

この時点で、まあ人の前に立つような人間ではなかったのかもしれません。その上で、芸能の仕事のはじっこにいて、「個性がないこと」を悪のように扱われるタイミングもありましたが、角度を変えると「無個性すぎる個性」というものもあるのだなと自覚できるようになりました。有名であることが「正義」なら、「悪」にされる価値観もかつてはあったのだと思いますし、無名であることで無価値のように扱われてしまうタイミングもあったように感じています。

しかし、時代は変わり、最近は急に「多様性」みたいなワードが日常で飛び交う時代になって、「いや、待ってくれ急に認めないでよ」とも思ったり（笑）。

どうなんでしょう？　僕みたいな芸能活動の隅にいた人間からすると、少しだけ生きやすくなったということなんでしょうか？　テレビの出演本数や視聴率が絶対の価値基準だった時代から、YouTubeの再生回数、登録者でパワーゲージを計る様子も見受けられるようになりました（それはそれでもちろん数字至上主義ではあるわけですが）。これは「自分が知らない人・知らない作品でも、誰かにとってはすごく貴重な人・作品」という事実を、世の中が受け入れ始めたタイミングということだったのかもしれません。

僕は仕事が出来るタイプでもないし、時代の先端を行ってる人間でもありません。**僕が一貫してずっと考えているのは、「無理をしない」ことです。**僕みたいな性格や僕みたいな見た目の人が急に目立とうと必死になる姿なんて、痛々しくなるに決まっているし。どう「向いている」ほうに自分の軸足を乗せていくか。こっちが変わらなくても、時代の風向き次第で評価は変わっていく。そうだとしたら、そんな評価なんて、どこに意味があるのでしょうと。

生まれや環境を妬んでも羨んでも仕方ありません。自分の中の代えがたい何かを自分のコンプレックスにしてしまうと、もう手のつけようがなくなってしまう。

だから、僕自身は身の丈にあった仕事、身の丈にあった生活を心がけています。僕の「身の丈」なんてほんと大したことないわけですから、それ相応の環境で僕にぴったりなはず。

大事なのは僕がどう感じるか。僕の人生、僕に対しては精一杯僕にワガママでいい。

身の丈以上の環境にいて身の丈以上のお仕事をさせてもらっている現状は「感謝」しかないわけです。

スターにはなれませんでしたが

スターにはなれなかった僕。そもそも、なろうとすらしていなかったことに気が付いて。芸能界は明るくキラキラした現場で、夢とか希望とか自尊心とか野心とか野望とか、結構そういったワードがばちっとはまる職場なのだと思います。

僕はお笑いが好きで、ラジオも好きで、その2つがとにかく好きでこの世界に入りました。どこかで自分的な勘違いも出来ず、「いけるな」と思ったこともありません。

でも、多くの人が「人気者になる」ことを目指すこの世界で生きていくにあたっての絶対条件は満たせなそうな、そんな気がしながらも**ごまかしてごまかしてやってきた20年間の結論がしっかり出たようなことを、はっきり再確認できたこの数年間でした。**芸能界で活躍する皆さんは、センスもそこに対する努力も野心もちゃんとある「スター」ばかりです。

ここ数年は裏方（放送作家）の仕事のオファーをいただくことが増えて、仕事といえば人前には出ないで企画ばかりを考えている時間が長いのですが、自然にそういった流れになったのはやはり「(どちらかと言えば) 裏方が向いていたから」「そこで求められる何かがあったから」だと思います。

出演者としての仕事も、放送作家も、脚本家も、依頼をいただいて初めて成立する仕事です。ということは「自然と」自分に出来そうな仕事しか残っていかないんですよね。**いただいた仕事を見渡すことで、「自分らしさ」を再発見するようなことも出来るのだなと思えたりもします。**

「好きなこと」と「得意なこと」は大きく違うし、「やりたいこと」と「やるべきこと」も大きく違います。

「夢は諦めずに突き進んだほうがいい」「いつか叶う」みたいなことは、大きく間違ってはいないのでしょうけど、僕からするとやや暴論でもあるなと思ったりして。「そこに縁があれば、そういう感じになっていくんじゃない?」としか言いようがありません。そこまで自分を信じてあげられるか、野心の火を消さずにいられるかは環境次第でもありますし。運があればそうなるだろうし、そこに縁があればそうなるのだろうし。

自分の主催公演「劇、佐藤満春」や自分のラジオ番組など、好きなことは好きなことで確保しつつ、仕事は仕事として「得意なこと」を「求められる状況」に応じて対応していく姿勢なので、現担当番組において「自分の評価を上げたい」という気持ちは本当に1ミリもありません。出演者が面白いと思われたり、番組自体が評価されればいいだけの話。僕の「自己表現」みたいなものは割と分断されたところにこっそりあるもの。ここでいう「自己表現」とは僕にとって衝動的に作りたい何かです。お笑いでも劇でも、詩でもイベントでもなんでも。もしそこに興味を持ってくれた方がいるとしたら、どうぞごゆっくり…という感じです。

「やれることを一生懸命やらせてもらっている」

こういうことを書いたり答えたりすると、すごくいいように勘違いされることもあって、実状はそんなかっこいいことではなく「やれることを一生懸命やらせてもらってる」だけなので、結構冷静なもんだなと思ったり。

昨今言われることが多い「好きを仕事にしよう」なんていうキャッチは、見えない挫折や苦労には蓋をしているように聞こえるし、どちらかというと好きな言葉ではないんですけれど、好きだったらそこも乗り越えられるかもしれないし、熱を持てるのかもしれない。

「没頭して夢中になった先に何かがある」という事実は、仕事にすることと近しいけれど、全く違う話なのは、今もなおわくわくする話でもあります。最終的に全く売れないいま死んでいく芸人が「幸せだった」と思って死ねるならそれはそれでいいのかもしれません。

芸人がいろんな顔を持って仕事をすることを許容していただける時代になりました。時代が変わったのもあるし、芸人として生きていく難しさもそこにあるのかもしれないし、理由はさまざまですが、僕自身は少し呼吸しやすい世界になった気もしてます。

「芸人なんだから○○するなんておかしい」などと言われる窮屈な時代は終わりを迎えつつあるようで何よりです。これは芸人の世界だけではないのかもしれないですね。

ただ、逆に考えると「だからこそ」僕にあった希少価値は薄くなってきたようにも思います。ある程度はみんなにああだこうだと言われているほうが、チャンスだったりするのでしょうね（言われている時間はきついけど）。

僕は大好きな人と大好きな仕事をしています。休みの日には家族と旅行に行くこともあります。平日は毎朝4時に起きて、ほぼ毎日終電くらいまで仕事をしています。夜、眠れません。両膝が悪いです。息抜きがしたくて趣味でフットサルをやっています。

スターにはなれませんでしたが、そこそこやっています。これからもまあ、自分なりにみんなの知らないところでどーんと、やっていくしかないようです。

仕事が楽しそうで羨ましいか

ここ数年、素敵な出会いがあり、素敵な番組に携わらせていただく機会が増えました。たまにコメント欄やリプライ、ＤＭなどで、「佐藤さんのような生活が羨ましいです。放送作家になりたいんでなり方を教えてください」という、全く放送作家のセンスがない方からそのような連絡が来るようになりました。

センスがない人とかなり強めの表現をしたのは、本当に放送作家になりたい人だったとして、「僕にＤＭで連絡をしてきちゃう」というセンスのなさのことを指摘しています。もっと連絡をすべきレジェンド放送作家はいるでしょうし、僕は別に放送作家として大成して人を育てるような立場にいる人間ではないです。

放送作家という時代も空気も読んで仕事をする必要がある仕事において、「いきなり見ず知らずの」「放送作家としてもかなり異端の佐藤に」「インスタのＤＭで連絡をする」、これらを合わせて鑑みるに「センスがない」と表現しました。続けます。

結論から言うと、僕は別に毎日楽しく過ごしてるわけではありません。担当番組が19本、生放送の番組は月曜~土曜まで早朝から深夜まで。日曜は朝4時に帰宅して、生稼働こそありませんが、そこにロケや会議が詰め込まれる日になります。ただ、ゆっくり眠れるのはこの朝4時から昼の時間だけ。

月曜の朝は「はぁ…」とため息をつきますし、火曜夜は「週末までまだまだあるな…」とぐったりしています。だけど、仕事に行けば楽しくて仕方ないし、えらい笑って充実感をもらって帰宅する日も多いです。そりゃあそうか、好きな人ばかりと仕事しているし。

別に毎日楽しくないのは悪いことじゃないと思います。楽しいほうがいいに決まってるだろうけれど、ここまで自分の中で環境を整えても別に毎日つまらないということは、もうこのままつまらない毎日なんですよ。つまらない人生でいい。

ただ、子どもも妻もかわいいし、元気でいてほしい。年に1~2回の家族旅行くらいしか楽しみなんかないです(あと不定期のフットサルくらいか…)。

それでも毎日はやってくる。歯を食いしばって、なんとか生きてくしかなさそうなので、まあ、生きています。

僕は自分のセンスや才能、実力、現実に絶望に絶望を重ねて、いろんなことに負け続けて、周りの方に助けていただきお世話になりながら、なんとか生きてきました。そして、今の場所にたどり着きました。果たして今の環境が、自分にとって天職で自分に向いているかどうかなんてわかりません。でもそこそこ生きています。だからもうそれでいいんです。

この45年が正解だったかどうか？　そんなことはわかりません。70歳とか80歳になって振り返ったとき、ようやく自分の中で何かしら感じることがあるんじゃないかな。もし、もしそこで「もっとこうしてればよかったな」「失敗したな」と思ったとて、「その時にしかわからないことだよな」とも思ったり。

ここ数年、「自己実現」とか「夢を持て」とか「好きを仕事に」とか、すごく言われるんですけど、僕は別に全部どうでもいいです。自分のことを認めてほしいとかもないし、夢なんてないです。仕事もお願いされたから頑張るけど。仕事は仕事。

僕自身のことは誰も興味を持ってくれなくて大丈夫です。僕は僕のやり方でなんとか生活していますが全員にあてはまるわけはないし、誰かの参考になるような生き方が出来ているとも思えません。

みんながどう思うかより、自分がどうしたいか選択できる余裕がでるようになったと思うんですが、せいぜいそんなもんです。

地元町田のフットサルのメンバーには多種多様な人がいて、芸能関係の仕事をしている人はそんなにおりません。京都大学を卒業後、サイバーエージェントに就職して町田ゼルビアに出向している人とか、地元のバス会社に勤めている人とか、地元の工場に勤めている人とか。コートの中では誰が知名度があるとか年収があるとか差異も区別も全くなく、平等に笑いながら、プレーします。

なぜその仕事をするようになったかなんて聞いたことはないけれど、それはいろんなタイミングでいろんな縁があったんでしょう。彼らと話すのは、さまざまな世界や人生を知ることができて本当楽しいです。

最近、なんでもかんでも「好きを仕事にしよう」とか言うけれど、そこに対しては少し懐疑的なところもあって。「仕事ってそこそこ働いてそこそこの収入があったらもういいんじゃない?」って思う人がもっといてもよさそうなのに。「好きを仕事に」していい人はやっぱり選ばれし人で、好きになったことがダイレクトに向いてる人。

サッカーを幼稚園くらいから習いはじめて、サッカーが大好きで小中高とやって、どう考えてもプロにはなれないけど大好きなサッカーは趣味で続けていく人がいる。彼はプロにはなれないけれど、趣味でサッカーは続けていいわけじゃないですか。

仕事にできなくたっていいわけじゃないですか。

とんでもない努力をしてそれ相応の対応もしたけれど仕事にならなかったとしても、いいじゃないかと僕はそう思うんです。

僕も巡り巡って放送作家の仕事に出会えて、ある程度の仕事をさせてもらっていますが、もちろん最初からこうなろうと思って始めたわけではありません。適性とか運とか縁とかの流れで出会えた感じです。逆に言うとこの先はわかりません。

縁があればいつでも地元の工場で働いて、17時にあがって、18時には帰って、21時から22時までフットサルをして、翌朝8時に仕事に行く。そんな毎日だって別にいいと思っていますし、それを誰がどう思うかはあまり興味のないところです。

自分の基準で生きる

放送作家の世界で「相手の腕時計を見てどのくらい稼いでいるか値踏みされる」という事象があることを、知り合いの作家から聞いたことがあります。

これを聞いて吐きそうになったのですが、別に誰がどのくらいの実績で何本仕事していくら稼いでいるか、さらにそれを「腕時計」で判断するなんて全く遠い世界のことで気持ちが悪かったのです。

ちなみに、僕はアップルウォッチをつけています。楽だからです。そのような判断をする人がその時計を見た場合、どう思われるかなんて知ったこっちゃない。だって、知らない人の知らない基準の判断なんて操作しようがないわけで。

これからも今までも、いろいろなところでいろんなジャッジをされ続けるのでしょう。**「ある一定の人によく思われよう」なんていう行動は、全く意味をなさない**と思うんですよね。だって、基準は自分の外にあるわけで、そこに合わせにいくなんて無茶じゃないですか。

例えば、僕は服が適当です。すごい悪臭がするとかそういった状況じゃない場合、多くの人は僕が何を着ているかなんて興味はないはずです。こだわりがないと言えば全くないし。

でも、そこで何かを判断される要因になりうることも否定はしません。人格や性格や仕事に対するスタンスが、服装に表現されることもそれはあるのでしょう。

おしゃれに無頓着でも、別に周りに迷惑をかけてないとしたら、「誰にどう思われるか」という評価がわかれるところにおいて、背伸びする必要はないと思うんです。だから服装においても、僕は「その人がかわいいとかかっこいいと思うものを着ている」人が好きです。どんなに奇抜であっても。

一方で、「自分が気付かなかった才能を見つけてくれるのは他人の評価」だったりもします。

僕が放送作家になったとき、そりゃあバラエティ畑で生活してきたので、「バラエティ番組、コント番組の仕事につけたらいいな」と思っていましたが、時間が経過してみたら情報番組の依頼がどんどん続いていくのです。

それはきっと「向いていたから」。

出演依頼、作家としての作業依頼する方は、予算のない中「わざわざ」僕に連絡くれるわけでそこのジャッジは信用していいはずなので。まさしく、**自分の「向いていること」を決めたのは、「誰かの評価」**。ただしそれは、知らない人の知らない基準の判断なんかではなく、**大切な人の信頼できる意見であるはず**で。

誰の声を聞き、誰の言葉を無視するのか。よく考えなくてもおそらく一目瞭然だと思っています。

それを受けて思うこと。

「本当にやっていきたい仕事に向けてスキルアップをする」のか。

「任される仕事において全力を尽くす」のか。

どちらも、間違いではないと思います。両方選ぶことも大事かもしれませんし、それは、タイミングによるものなのかもしれません。

いやあ、生きるって大変ですね。

おわりに

今、こうしてあなたがこれを読んでいるということはこの本が無事に発売しているということになります。怖い話の導入みたいになってしまいましたが未だにこれが書店に並ぶ様子は想像が出来ません。自分の本と書くということはそれほど実感がないことです。

1年ほどかけた作業もまもなく終了。あっという間…と思いきやまあまあ長くも感じました。物理的に大変だった時期もあるし、自分と向き合いすぎるという時間に苦しくなったこともありますがたくさんの人に助けていただき今を迎えることができました。

45歳という節目にこのような機会をいただき、本当に感謝しかありません。

何度も書きましたが僕は本当に運がいいんだなと改めて実感した期間となりました。本を作るということはTVやラジオ、劇と同じく完全なチームプレーです。

何を書き残すべきか、何を今言語化すべきなのか。編集の遠藤さんにはその大きな指標になっていただきました。ありがとうございました。

ここまで僕のことを詰め込んだ本はありませんし書けば書くほど溢れ出る「これ、誰が興味あるんだっけ？」という一言を飲み込み「あ、そうだ、遠藤さんは興味あるって言ってくれてたんだ」と再確認して書き進めたものでした。

僕はすごく悪い意味で生きる全てのモチベーションに自我や自己顕示がなくなってしまったので、他者の目線にこんなにも励まされるとは思いませんでした。遠藤さんとこういう機会でご縁ができて本当に良かったと思います。

本書を書き進めている間にRAGFAIR土屋礼央さん、ダーリンハニー吉川君との「トトト」というユニットでラジオの特番をやらせていただく機会がありました。

礼央さんがその中で「俺たちのサトミツが有吉ゼミでゴールデンで活躍してる！」と喜んでくれていたくだりがあって。そこで色々と線になって見えてきたのですが「こんなに喜んでくれる人がいるならもっともっと頑張れそうだな」という心情を再確認できたんですよね。ギラギラできない自分にとっての燃料はお世話になっている皆さんのリアクションになってくるんだなと（そしてこれだけ大事にしてきたトトトについて本編で1文字も1行も書き残してないことにも気がつきました。もう、遅いんですけども）。

本は発売されたんですよね。

思ったよりもそこそこ話題になり各所から評判を見聞きして、少しは安堵出来てますでしょうか。やや希望的観測でもあり、それなりの手ごたえを感じているところでもあるし。あとはこの本は売れたほうがいいけど、僕にはこれしか作れないしこれ以上でもこれ以下でもないというところにたどり着いたという意味では、あとはどういう評価になってもなんとも思ってないんじゃないかなと。勝手なもんですみませんが（笑）。

本を全て書き終えて自分自身で読み返した際「いや、こいつずっと何かに感謝してるさいな！」と感じてだいぶ感謝するくだりを減らしました。人が感謝ばっかりしている本なんて面白いわけないんです。いいよいいよ、勝手にしてくれという話なので。

それでもこの本の大きな軸に「運よく出会えた皆さんへの感謝」があったように思います。

「感謝が大事」だって誰かも言ってたなと思って調べたら「素直・謙虚・感謝」でお馴染みの森脇健司さんでした（この本は森脇さんの本が類書になるでしょう）。

「感謝」って書いたTシャツでも作って毎日着ようかな、もう。

そんな放送作家、面白いわけないけど。

4月からも新たな新番組に多く関わります。

依頼をいただけるうちは精一杯やるしかなさそうだし、今の自分で出来ることをやるしかないのでしょう。全部全部1つずつは楽しいお仕事でやりたいことをやらせていただいてるので。まあ、そうね。

あと5年、10年くらいは働くしかないのでしょう。精一杯。

若林君との喫茶店や3600での雑談、楽しい仲間との楽しい仕事、地元のフットサル、家族との旅行などを気分転換になんとか生きていきます。どーんと、やっていこう。

ということでここまで読んでいただき本当にありがとうございました。

感謝！

佐藤満春

佐藤満春（さとうみつはる）

1978年、東京都町田市生まれ。2001年、お笑いコンビ「どきどきキャンプ」を結成。芸人としての活動のほか、トイレや掃除に造詣が深くトイレ・掃除の専門家、ラジオ番組のパーソナリティ、放送作家としても幅広くノンジャンルで活躍。

スターにはなれませんでしたが

2023年2月17日　初版発行
2023年4月10日　3版発行

著　　者　佐藤《さとう》 満春《みつはる》
発 行 者　山下 直久
発　　行　株式会社 KADOKAWA
〒102-8177　東京都千代田区富士見2-13-3
電話 0570-002-301（ナビダイヤル）

印 刷 所　凸版印刷株式会社

●お問い合わせ
https://www.kadokawa.co.jp/（「お問い合わせ」へお進みください）
※内容によっては、お答えできない場合があります。
※サポートは日本国内のみとさせていただきます。
※Japanese text only

定価はカバーに表示してあります。

ISBN978-4-04-605983-3 C0095
JASRAC 出 2300523-303